Fischer TaschenBibliothek

W0038742

Alle Titel im Taschenformat finden Sie unter:
www.fischer-taschenbibliothek.de

Frankreich, das ist für viele immer noch das Land rotwein-seliger Baskenmützenträger und freiheitsliebender Gauloiseraucher. Wo die Lavendelfelder der Provence fröhlich blau schimmern, fünfhundert Käsesorten locken und Feinschmecker an Froschschenkeln kauen. Dort, wo die Leute leben »wie Gott in Frankreich« – das Land von Savoir-vivre, Nouvelle Vague, Amour fou, Haute Cuisine und Haute Couture. Doch was steckt hinter den Klischees? Frankreichkenner Jörg Zipprick beschreibt all die kleinen Dinge, die man gern übersieht, wenn man nur mal schnell in den Urlaub fährt: Versteckte Handwerksbetriebe, besondere Museen, Lieblingssport, Lieblingsmusik, Lieblingsgerichte oder die Eigenheiten des französischen Liebeslebens. – *Vive la France!*

Jörg Zipprick arbeitet seit 1991 als Journalist und Buchautor mit den Schwerpunkten Frankreich und Kulinarisches, u. a. für den »Stern«, »Beef!« und »Lufthansa magazine«. Sein Buch ›Südfrankreich. Küche und Kultur‹ wurde von einer internationalen Jury mit dem Gourmand Award 2005 als »Best French cuisine book in the world« ausgezeichnet. Jörg Zipprick lebt in einem Vorort südwestlich von Paris.

Weitere Informationen finden Sie auf www.fischerverlage.de

Jörg Zipprick

Frankreich

für die
Hosentasche

Was Reiseführer
verschweigen

FISCHER TaschenBibliothek

Originalausgabe

Erschienen bei FISCHER Taschenbuch
Frankfurt am Main, August 2017

Umschlaggestaltung: Geviert, Grafik & Typografie, München
Umschlagabbildung: Anti Metsaranta / Shutterstock
Satz: Pinkuin Satz und Datentechnik, Berlin
Druck und Bindung: Kösel, Altusried-Krugzell
Printed in Germany
ISBN 978-3-596-52081-7

Inhalt

Avant-Propos

»Reisen veredelt den Geist und räumt mit unseren Vorurteilen auf.« Das Zitat wird Oscar Wilde zugeschrieben. Und letztendlich mag er damit recht haben.

Die Frage, wohin wir reisen, bringt manchmal jedoch unsere Vorurteile erst richtig zum Brodeln. Frankreich, das ist für viele immer noch das Land rotweinseliger Baskenmützenträger und freiheitsliebender Gauloiseraucher, wo die Stangenbrote morgendlich von Achselhöhlen durchnässt werden, und man tapfer den Anglizismen trotzt. Das Land von Savoirvivre, Pariser Chic, heißblütigen Dauerstreiks, Nouvelle Vague, Amour fou, Haute Couture und Haute Cuisine. Dort, wo die Leute leben »wie Gott in Frankreich«. Wo die Lavendelfelder der Provence fröhlich blau schimmern, fünfhundert Käsesorten locken und Feinschmecker an Froschschenkeln kauen, bevor sie eine Portion Schnecken in sich hineinschütten.

Nun werden Vorurteile ja nicht von der starken Hand des Zufalls in unser Bewusstsein gehämmert –

was Frankreich betrifft, muss man die politisch vollkommen inkorrekte Aussage treffen: Da ist irgendwo was dran. Sicher, die Zahl der Baskenmützenträger hat sich besorgniserregend verringert, und das Baguette wird inzwischen in Papier eingeschlagen. Der vermeintliche Lavendel sind heute Lavandinpflanzen. Schneckengerichte und Froschschenkel machen sich rar. Aber der Eiffelturm steht noch am alten Platz, die guten Käse gibt es noch, wenn man sie denn zu finden weiß. Und vielerorts wird weiterhin sehr gut gekocht, übrigens nicht nur in teuren Sternerestaurants, sondern auch zu Hause, bei ganz normalen Franzosen. Ein paar Jahrzehnte Globalisierung haben die französische Lebensart nicht kleingekriegt. Hier ist man stolz auf kulturelle Eigenarten – und hier darf man es sein. Solcher Stolz wird andernorts gern als Arroganz gesehen.

Auf den folgenden Seiten geht es um nationale Eigenheiten, Vorlieben und Spleens, Lieblingsorte, skurrile Sportarten, versteckte Handwerksbetriebe und besondere Museen, die man gern übersieht, wenn man nur mal zügig in den Urlaub fährt. Um all das, was sich nicht unbedingt sofort erschließt und prompt in den Vordergrund drängelt. Und vielleicht wird ja auch das eine oder andere Vorurteil untermauert.

Je vous souhaite bonne lecture!

Frankreich auf einen Blick

Staatsname: République Française, kurz *La France*

Beiname: *L'Hexagone*, das Sechseck – weil man mit etwas gutem Willen im Umriss einer Frankreichkarte auch ein Sechseck sehen kann.

Flagge: Die blauweißrote *Tricolore*

Nationalhymne: *La Marseillaise*, komponiert von Claude Joseph Rouget de Lisle (1760–1836). Ursprünglich trug die zukünftige Nationalhymne ein paar Wochen lang auch Namen wie »Kriegsgesang der Rheinarmee«.

Staatsform: Nach der Verfassung vom 4. Oktober 1958 eine unteilbare, soziale und demokratische Republik. Staat und Kirche sind streng getrennt. Der Präsident wird durch direkte Wahl auf fünf Jahre gewählt. Vor einer entsprechenden Reform unter Jacques Chirac im Jahr 2000 betrug diese Amtszeit sogar sieben Jahre. Chirac selbst war der erste Präsident, der 2002 ein sogenanntes *quinquennat*, eine fünfjährige Amtszeit, antrat.

Der Präsident hat den Vorsitz im Ministerrat und kann die Auflösung der Nationalversammlung verfügen. Der Premierminister führt die Regierungsgeschäfte. Frankreich wird streng zentralistisch verwaltet, d. h., hochrangige Entscheidungen fallen in Paris. Wichtigste Verwaltungseinheit ist das *département* (das sich mit Bundesland nur höchst unvollkommen übersetzen lässt). Davon gibt es 101. In der offiziellen Numerierung (die man an den Autokennzeichen erkennt) sind es zwar »nur« 95, aber Korsika ist in 2A (Corse-du-Sud) und 2B (Haute-Corse) eingeteilt. Zudem gibt es die Überseegebiete Guadeloupe (971), Martinique (972), Guyana (973), La Réunion (974) und Saint-Pierre-et-Miquelon (975). Im Jahr 2011 wurde die Komoreninsel Mayotte zum 101. Département (976).

Staatsfläche: 675 000 km² inklusive der DROM-Gebiete (*Départements et régions d'Outre-Mer*), COM (*Collectivités d'Outre-Mer*) und TAAF (*Terres australes et antarctiques françaises*). Der europäische Teil Frankreichs misst 551 500 km².

Damit ist Frankreich das drittgrößte Land Europas, nach Russland und der Ukraine.

Bevölkerung: Knapp 65 Millionen
Drei Viertel davon wohnen in der Stadt, insgesamt leben 50 Prozent der Franzosen in gerade mal dreißig Städten. Die Geburtenrate liegt etwa bei 13/1000.

Sprache: Französisch, wichtigste Dialekte sind Elsässisch, Baskisch, Flämisch, Korsisch, Bretonisch und Provenzalisch.

Hauptstadt: Paris, *départment* 75

Die fünf größten Städte:

1. Paris: über 2 240 000 Einwohner intra Muros, weitere 10,5 Millionen leben in der Banlieue, der Umgebung von Paris.
2. Marseille: über 850 000 Einwohner, dazu 1,7 Millionen in der Umgebung.
3. Lyon: knapp 500 000 Einwohner, 2,2 Millionen leben im Ballungsraum.
4. Toulouse: 453 000 Einwohner, 1,2 Millionen leben in den Vororten.
5. Lille: 227 000 Einwohner plus mehr als 1,1 Millionen in der Umgebung.

Grenzen: Insgesamt 4082 km Grenzen mit Spanien, Belgien, der Schweiz, Deutschland, Luxemburg, Andorra und Monaco.

Religion: Staat und Kirche sind in Frankreich streng getrennt. Offizielle Zahlen zur Religionszugehörigkeit gibt es nicht, dafür aber Schätzungen, die stark schwanken können:

- Christen: 44–66 %
- Muslime: 2–10 %
- Juden: 0,5–1 %
- Andere: 1–11 %
- Konfessionslos: 4–42 %

Bodenschätze: Kohlevorkommen gibt es bei Lille und in Lothringen, dort liegen ebenfalls Eisenerzlager. In Lacq in den Pyrenäen befindet sich ein großes Erdgasvorkommen. Erdöl gibt es im französischen Südwesten und dem Pariser Becken.

Industrie: Automobil-, Chemie-, Nahrungsmittel- und Maschinenindustrie sind neben dem Tourismus die wichtigsten Wirtschaftszweige des Landes. Zu den industriellen Zentren zählen die Pariser Banlieue, Nordfrankreich, Lothringen, die Umgebung von Lyon und Marseille.

Landwirtschaft: Auf 32 Millionen Hektar landwirtschaftlicher Nutzfläche werden in erster Linie Weizen, Zuckerrüben und Mais angebaut. Der Anbau von Reis ist in der Camargue üblich. Rinder-, Schweine- und Geflügelzucht ist ebenfalls weit verbreitet. Frankreich ist eines der führenden Weinanbauländer der Welt.

Außenhandel: Wichtigste Handelspartner sind Deutschland, Belgien, Italien, Spanien, die USA und China. Als begehrteste Exportgüter gelten Flugzeuge und Helikopter, Medikamente und Automobile.

Auch das ist Frankreich

DROM-Gebiete:

- Französisch-Guayana
- Guadeloupe
- Martinique
- Mayotte
- La Réunion

Saint-Martin: Französischer Teil der Insel nordöstlich der Antillen, seit dem 22. Februar 2007 eigenständig, gehörte früher zum Département Guadeloupe. Der andere Teil von Saint-Martin gehört zu den Niederlanden.

COM: Folgende Gebiete gehören nicht zur Europäischen Union, der Euro ist dennoch anerkanntes Zahlungsmittel:

- Saint-Barthélemy (eigenständig seit dem 22. Februar 2007, seit 2012 assoziiertes Gebiet der EU)
- Saint-Pierre-et-Miquelon

COM (auch diese Gebiete gehören nicht zur Europäischen Union, gezahlt wird in CFP-Franc):

- Wallis und Futuna
- Französisch-Polynesien (POM)

Franzosen im Klischee

Franzosen

- arbeiten wenig.
- essen gerne gut.
- sind arrogant und egozentrisch.
- sind Frauenhelden.
- machen nur sparsam von Wasser und Seife Gebrauch.
- sind grandiose Liebhaber/innen.

Statistisch gesehen sieht es so aus:

Franzosen arbeiten im Schnitt 1661 Stunden pro Jahr. Das sind 120 Stunden weniger als die Italiener, 186 Stunden weniger als die Deutschen und 239 Stunden weniger als die Briten.[*]

McDonald's France serviert jeden Tag 1,8 Millionen Mahlzeiten in 1285 Schnellrestaurants. 33 Prozent der

[*] Coe-Rexecode

Franzosen besuchen regelmäßig Restaurants, während nur 19 Prozent regelmäßig in den Fastfoodläden zu Gast sind. Rund 68 Prozent kochen gern, und mehr als die Hälfte (58 Prozent) essen weniger als einmal pro Monat Tiefkühlkost.

Und: 69 Prozent der Franzosen sind stolz auf ihre Gastronomie. Zum Vergleich: Nur 53 Prozent sind stolz auf Kunst und Literatur, selbst die Haute Couture muss sich mit 22 Prozent der Gastronomie geschlagen geben.*

Laut einer Umfrage des Pew Research Centers in Washington unter Bürgern aus acht EU-Ländern glauben die Franzosen, sie seien die arroganteste Nation in Europa. Kurios: Nach derselben Umfrage ist Frankreich für die Franzosen auch die am wenigsten arrogante Nation des Kontinents. Italien, Spanien, Griechenland, Polen und Tschechien wählten Deutschland an die Spitze der Arroganzhitliste, während die sprichwörtliche französische Überheblichkeit von Briten, Deutschen und wie gesagt den Betroffenen selbst bestätigt wurde.

Jede Sekunde werden 3,3 Kilo Seife in Frankreich verbraucht. Macht pro Jahr 104 000 Tonnen. Also etwa 1,6 Kilo pro Einwohner. Der Seifenverbrauch in

* McDonald's, BVA, Odoxa

Deutschland beträgt 120 000 Tonnen, was 1,48 Kilo pro Einwohner entspricht.

Gut 75 Prozent der Franzosen leben in einer Paarbeziehung. Acht Prozent hingegen sind noch nie eine Beziehung eingegangen. Und 74 Prozent der Franzosen sind mit ihrem Sexualleben zufrieden. Genauer gesagt sind 30 Prozent »sehr zufrieden« und 44 Prozent »zufrieden«.*

Urlaubsziel Frankreich

Frankreich führt mit 84,7 Millionen Besuchern jährlich die Weltrangliste der Tourismusnationen an. Die eifrigsten Frankreichreisenden sind Deutsche, Briten, Belgier, Italiener, Niederländer, Schweizer und Spanier – in dieser Reihenfolge. Verglichen mit den 13 Millionen Deutschen, nehmen sich die 3,1 Millionen Frankreichfreunde aus den USA geradezu mickrig aus.

Wohin zieht es die Franzosen?

- 74 Prozent wollen in Frankreich bleiben.
- 24 Prozent zieht es in die europäischen Nachbarländer.

* Ifop

- 4 Prozent möchten nach Afrika.
- Australien, Asien, Nord- und Südamerika kommen nur für 1% oder weniger der Franzosen als Reiseziele in Frage.

Das könnte auch finanzielle Gründe haben. Das durchschnittliche Reisebudget eines Franzosen beträgt pro Jahr 775 Euro.*

Der Mythos der perfekten Französin

»Warum französische Frauen nicht dick werden«, »Warum französische Frauen jünger aussehen«, »Warum Französinnen nicht alleine schlafen«, »How to be Parisian wherever you are« … Und so viele mehr. Alle diese Bücher, die sich durchaus gut verkaufen, singen lautstark ein Chanson auf eine angeblich gar wundersame Kreatur: die Französin.

Und die sieht, zumindest in Büchern, immer ein wenig aus wie die junge Sophie Marceau, trägt den letzten Pariser Chic, flirtet auf Teufel komm raus mit den Männern, die ihr ohnehin nachlaufen, reüssiert im Beruf und hat brave, fleißige Kinder in die Welt gesetzt, die sich sowohl auf dem Schulhof als auch

* Umfrage CSA-RTL 2014

im Dreisternelokal zu benehmen wissen. Verglichen mit ihrem Sexualleben erscheinen unsere bundesdeutschen »Pornostars« als Betschwestern. Deshalb werden schließlich die ganzen Bücher über sie geschrieben.

Lasst die Zahlen sprechen:

- 19,7 Prozent der Französinnen sind übergewichtig (19,3 Prozent der Männer).[*]
- Die durchschnittliche Französin ist 1,63 Meter groß und wiegt 63 Kilo (Männer 1,75 Meter, 77 Kilo).
- Eine Miss France ist 13,9 Zentimeter größer als die Durchschnittsfranzösin.
- Eine Französin hat statistisch gesehen 2,01 Kinder. Die bekommt sie im Schnitt mit 30,01 Jahren.
- Ihre Lebenserwartung beträgt 84,8 Jahre (Männer 78,2 Jahre).
- 49 Prozent der Französinnen sind berufstätig.
- 76 Prozent der jungen Frauen verfügen über ein *bac* (*baccalauréat*), das französische Äquivalent zum Abitur (Männer 64 Prozent).
- 12 Prozent der beruflich aktiven Französinnen sind leitende Angestellte (Männer 19 Prozent).
- Eine berufstätige Französin verdient 20 Prozent weniger als ihr männliches Äquivalent.

[*] The Lancet, Le Monde

- Eine berufstätige Französin in leitender Position (*cadre*) verdient 23 Prozent weniger als ihr männliches Äquivalent (Beamtinnen 21 Prozent).
- 80 Prozent der Menschen, die trotz Berufstätigkeit unter die Armutsschwelle fallen, sind Frauen.
- 80 Prozent der Mütter mit einem Kind, das jünger als drei Jahre ist, stehen im Erwerbsleben.*

Laut Studien des französischen Textilinstituts tragen 20,6 Prozent der Französinnen Kleidergröße 40, gefolgt von 16,6 Prozent mit Kleidergröße 42.

Aufgrund stetiger Gewichtszunahme haben etliche Marken still und heimlich die Kleidergrößen geändert. Eine 40 aus dem Jahr 1970 ist heute eine 38.

Eine Umfrage der *Fédération française du prêt-à-porter féminin* (FFPAPF) brachte gar skandalöse Fakten zutage. Danach gibt die typische Französin pro Monat 63 Euro für Kleidung aus. Nichts im Vergleich zu Amerikanerinnen mit ihren monatlichen 144 US-Dollar. Nur 15 Prozent der Französinnen geben pro Monat hundert Euro oder mehr für Bekleidung aus.

Außerdem ziehen sie ihre Jeans (22 Prozent wollen sich nicht von diesem Kleidungsstück trennen) bei weitem dem kleinen Schwarzen (9 Prozent) vor.

* INSEE

Und: 45 Prozent der Befragten erklärten, dass Mode von Schauspielern, Marken und Medien popularisiert wird. Die viel gerühmten großen Couturiers landeten erst auf Platz vier. Nimm das, Coco Chanel!

Und die Liebe?

Ganze 45 Prozent der Männer und 29 Prozent der Frauen geben in Umfragen zu, dem Partner untreu zu sein. Dieser nationale Durchschnitt von 37 Prozent wird in den Regionen Languedoc-Rousillon und Provence-Alpes-Côte d'Azur deutlich übertroffen (44 Prozent). Poitou-Charente heißt die Region, in denen Treue nur ein Wort ist: Fast die Hälfte (49 Prozent) gehen dort fremd. Besonders treu sind hingegen die Menschen der Region Franche-Comté (25 Prozent Fremdgänger).*

Apropos: In Frankreich kehrt seit einigen Jahren das Stundenhotel zurück. Inzwischen gibt es etwa 1500 Hotels, in denen Gäste sich tagsüber einmieten können. Frei werden die Räume in den drei, vier Stunden zwischen Abreise der alten und Anreise der neuen Gäste. Für viele Kunden der Tageszimmer dürfte dieser Zeitrahmen ausreichend bemessen sein. Solche Day-use-Hotels kosten ab 42 Euro pro Tag. Günstiger

* IFOP

ist das Pariser Love Hotel, das mit entsprechender Dekoration versucht, ein wenig Atmosphäre zu schaffen. Da gibt es die Fototapete Venedig, das »infernalische Zimmer« oder das »Bollywood Kamasutra«. Den Damen bietet dieses »Haus der Liebe« für einen niedrigen zweistelligen Betrag allerlei Kostüme und Kostümchen. Wer tatsächlich seinen Fishnet-Catsuit zu Haus vergessen hat, kann ihn hier mieten.

Sprachliches

Sprachhüter –
die Unsterblichen der Académie française

Im Vatikan wird regelmäßig ein lesenswertes Werk herausgegeben. Das »Lexicon recentis Latinitatis«, also gewissermaßen das Lexikon modernen Lateins. Darin werden Begriffe aus der Jetztzeit in die Sprache der alten Römer übersetzt. Aus Manager wird dann *procurator*, die Hot Pants verwandeln sich in eine »äußerst kurze weibliche Hose« (*brevissimae bracae femineae*) und der Flirt mutiert zur »leichten Liebe« (*amor levis*). Der Jumbo Jet ist ein *aeronavis capacissima*. Hätten die Römer über Handgranaten verfügt, hätten diese »Handfeuerwurfkörper« (*pyrobolus manualis*) geheißen.

In Frankreich hat die Académie française, gegründet 1635, eine ähnlichen Aufgabe. Vierzig Mitglieder, in aller Bescheidenheit »Unsterbliche« genannt, widmen sich der »Vereinheitlichung und Pflege der französischen Sprache«. Auch heute noch tragen sie ein mit grünen Olivenblättern üppig verziertes Gewand und ein Schwert.

Diese vierzig gebildeten Menschen führen tagaus, tagein einen Kampf um Sprachreinheit, machen Bits und Bytes zu *octets*, den Computer zum *ordinateur*, die E-Mail zur *courriel* (für *courriel électronique*, also Elektropost). Der Hashtag ist ein *mot-dièse*, Big Data werden zu *mégadonnées* und das Bashing ist *éreintage*. Zum allseits beliebten Shitstorm hatte sich die Académie vor Redaktionsschluss nicht geäußert, *tempête de m*rde* kommt in den Sinn. Es sei denn, die Unsterblichen entscheiden sich für das vornehmere *tempête d'insultes*. Nur in einem Punkt hört die Sprachlogik auf: Die »Unsterblichen« erlauben sich tatsächlich, das Zeitliche zu segnen. Stirbt ein Unsterblicher trotz seines Titels, wird ein Nachfolger gewählt, der als erste Amtshandlung eine Lobrede auf den Verflossenen halten muss.

Solch unverantwortliches Ableben verstößt in jeder Beziehung gegen den Wortsinn. Bitte jetzt keine Ausreden à la »ihr Geist lebt in Wörterbüchern« weiter. Unsterblichkeit ist nun mal unendliches Leben in physischer oder spiritueller Form. Und bisher hat diese noch kein Sterblicher erreicht.

Französische Begriffe, die nicht so einfach ins Deutsche zu übersetzen sind

Dépaysé

Verwirren, befremden, in eine andere Welt versetzen – so richtig trifft es kein Wörterbuch. *Dépaysé* heißt wörtlich so viel wie »entlandet«, schließlich meint *pays* das Land. Und wenn man sein Heimatland verlässt, dann ist man *dépaysé*. Das ist keinesfalls abfällig gemeint: Viele Franzosen schwärmen davon, wie *dépaysé* sie im Urlaub waren.

Vachement, La Vache

Zugegeben, die offiziellen Übersetzungen von *vachement* sind mit »total« oder »echt« relativ zutreffend. Nun ist *la vache* aber ja »die Kuh«. Und wer mit jemandem *vache* ist (*être vache avec quelqu'un*), tut jemandem Böses an. Was das alles mit der Kuh zu tun hat? Keine Ahnung.

Le pied

Le pied ist eigentlich »der Fuß« und damit einfaches Basisvokabular. Sagt jemand *c'est le pied*, also »das ist der Fuß«, oder gar *je prends mon pied*, also »ich nehme meinen Fuß«, meint er damit etwas sei großartig oder besonders genussvoll. Angeblich stammt der Ausdruck von der alten Maßeinheit Fuß, man nimmt also »ein Maß Genuss«.

Avoir le cafard
Wörtlich: eine Kakerlake haben. Im übertragenen Sinne heißt dies, man sei depressiv. Angeblich stammt der Ausdruck aus den »Blumen des Bösen« (»Les Fleurs du Mal«, 1857) von Baudelaire und wurde über die Jahrzehnte populär.

Chou
Den Gemüsegarten der französischen Sprache betreten wir mit dem Kohl (*chou*). Ja, *chou-fleur* ist Blumenkohl, wenn Ihnen jemand von der anderen Rheinseite aber erklärt, Sie seien *chou* oder gar sein *chou*, dann sind Sie für ihn etwas ganz, ganz Besonderes. Ein Kleinkind kann ein *petit chou* sein. Wundern Sie sich nicht über Formulierungen wie *tu es vachement chou*. Dann sind Sie nämlich besonders liebevoll oder aufmerksam, jedoch nicht »kuhlich Kohl«, wie es die wörtliche Übersetzung erforderte.

Avoir la pêche
»Einen Pfirsich haben« heißt »in Form sein«. Naher Verwandter: *avoir la frite*, also »die Fritte haben«. Allerdings ist die Fritte momentan nicht mehr allzu modern.

Avoir un cœur d'artichaut
Wenn Ihnen die französische Freundin eröffnet, sie hätte ein »Artischockenherz«, dürfen Sie sich nicht

auf das Abendmenü freuen. Madame will damit sagen, dass sie sich leicht verliebt.

Mettre du beurre dans les épinards

»Butter in den Spinat« gibt ein Franzose, wenn er seine Lebensbedingungen verbessert.

Les carottes sont cuites

Die Karotten sind gekocht. Dann ist man auf gut Französisch in einer ausweglosen Situation. Früher wurde die Redewendung sogar für baldiges Ableben verwendet. Naher Verwandter im Gemüsegarten ist *la fin des haricots* – das Ende der Bohnen.

Zwei Worte, die nicht so einfach ins Französische zu übersetzen sind

Heimat

Wird in Frankreich mit »Vaterland« (*la patrie*) oder »Ursprungsland« (*le pays d'origine*) übersetzt. Doch so richtig treffend ist die Übersetzung nicht. Laut Duden ist Heimat ja »Land, Landesteil oder Ort, in dem man [geboren und] aufgewachsen ist oder sich durch ständigen Aufenthalt zu Hause fühlt (oft als gefühlsbetonter Ausdruck enger Verbundenheit gegenüber einer bestimmten Gegend).« Das ist kein Wort, das ist ein Konzept. Und im Französischen ein langer Satz.

Leitmotiv

Man kann es zwar mit *principe directeur* übersetzen – dennoch hat sich der deutsche Begriff höchst erfolgreich in die französische Sprache eingeschlichen.

Verlan – voll verdreht

Gelehrte Menschen verorten seinen Ursprung im 16. und 17. Jahrhundert: *Verlan*, die Umkehrung des Wortes *l'envers*, das seinerseits »das Umgekehrte« heißt, ist für Außenstehende eine rätselhafte Sprachverwirrung. Da werden die letzten Silben zu den ersten, aus *français* (Franzosen) werden *céfrans*, aus *femme* (Frau) wird *meuf*. Weil das allein noch nicht verwirrend genug ist, würfelt man die umgekehrten Wörter als »Verlan des Verlan« nochmals durcheinander: *Mère* (Mutter) zum Beispiel wird erst zu *reum* und danach zu *meureu* oder *reumeda*. Dazu gesellen sich diverse Verballhornungen aus dem Englischen oder Arabischen: *Excuse me* wird zu *skuzmi*, das arabische *tbib* zu *toubib* und damit zum Jugendwort für *médécin* (Arzt), *chouia* steht für *un peu* (ein wenig). Dabei kennen Franzosen normalerweise keinen Spaß in Sachen Sprache. Nach typisch gallischem Selbstverständnis ist *le français* nämlich bei weitem das schönste Idiom des bekannten Universums. Der

Erzfeind, der dieses Schmuckstück menschlichen Zungenschlags belagert, stammt oft aus England und Amerika. Unvergessen sind die legendären Initiativen des Ministers Jacques Toubon aus den 1990er Jahren. Der wollte den bösartigen Sprach-Usurpatoren per Gesetz beikommen, zum Beispiel Jeansshops zu *magasins en pantalon de tôle de Nîmes* und Striptease in *spectacle de deshabillage* umbenennen. Gewiss: So einheitlich, wie es die Wörterbücher gerne hätten, war die französische Sprache nie. Schon Anfang des 19. Jahrhunderts kam das *patois*, das Plattfranzösisch der Leute vom Lande, nach Paris, gefolgt vom *argot*, einer Art Gaunersprache. Bis hoch ins Milieu der Haute Bourgeoisie wird inzwischen fast jedes Wort abgekürzt, was mehr als drei Buchstaben hat: *manif* ist eine *manifestation* (Demonstration), *petit déj* das *petit déjeuner* (Frühstück), *blème* ein *problème*. Verkündet eine junge Dame, sie gehe jetzt zur *fac*, sind Ausländer peinlich berührt und Eltern beunruhigt. Gemeint ist natürlich die *faculté*, die Universität, auch wenn die Abkürzung wie ein englisches Four-letter-word gesprochen wird. Solche Abkürzungen verschwinden manchmal so schnell, wie sie entstehen: Wer den Boulevard Saint-Michel heute noch *Boul'Mich* nennt, macht sich zum Spott der Pariser Jugend.

Da stehen manche Eltern ihrem Nachwuchs buchstäblich sprachlos gegenüber, verzweifelt der Zugereiste am Slang. Wer kennt schon sämtliche Begriffe für *policier* (Polizist) von *poulet* über *keuf* bis zu *kis-dé*?

Soziologen hingegen werten Verlan gern als Aufbegehren der Unterprivilegierten gegen die Bourgeoisie, die das Drehfranzösisch zumindest in SMS und anderen Kurznachrichten jedoch längst adoptiert hat. Selbst die Kunst hat das *Verlan* erobert: Der außerordentlich populäre belgische Musiker Paul van Haver nennt sich *Stromae*, die Dreh-Form von Maestro.

Dennoch gibt es noch einen Rest Hoffnung für das bedrohte Hochfranzösisch: *Verlan* teilt den Vorteil aller Kinderkrankheiten und hört ab einem bestimmten Alter oft von selbst auf.

Der große Preis

Prix Goncourt – zehn Euro machen Millionen
Zehn Euro sind heutzutage nicht mehr viel Geld. Gefühlt stellt sich sogar der Eindruck ein, dass zehn Euro immer weniger wert sind. Und doch können zehn Euro über Karrieren entscheiden, über das Schicksal von Schriftstellern, Lektoren oder Verlagshäusern, wenn sie nur als Preis von der Jury des Prix Goncourt vergeben werden. Denn ein Goncourt sorgt für Auflage: Zwischen 300 000 und 400 000 Exemplare werden im Durchschnitt von einem mit diesem Preis

ausgezeichneten Buch abgesetzt – erfolgreichster Goncourt-Preisträger aller Zeiten ist André Malraux mit über drei Millionen verkauften Exemplaren von »La Condition humaine«. In Verlagskreisen sagt man, ein Goncourt entspräche sechs bis acht Millionen Euro Umsatz. Edmond de Goncourt stiftete den Preis 1896 testamentarisch zum Andenken an seinen 1870 verstorbenen Bruder Jules. Jährlich sollte fortan das beste Prosawerk mit 5000 Goldfrancs ausgezeichnet werden – wegen der Inflation bleiben den heutigen Preisträgern gerade mal die erwähnten zehn Euro. Von der Summe her kein Vergleich mit dem Grand Prix Paul Morand der Academie française, der den Gewinner gute 45000 Euro reicher macht, selbst nicht mit dem Renaudot, bei dem die Jury den Gewinner zum Mittagessen einlädt – aber, wie gesagt, die Auflage macht's. Auch ein Renaudot taugt für 220000 verkaufte Bücher. Die Juroren des Goncourt können sich über die Inflation jedenfalls nicht beschweren. 1915 vereinbarten sie mit dem Restaurant Drouant ein Festpreismenü, heute müssen die Literaten für die Speisefolge gerade noch Centbeträge bezahlen.

Im Prinzip soll ein junger, aufstrebender Autor mit dem Goncourt ausgezeichnet werden. Nun ist »jung« bekanntlich relativ und hängt nicht zuletzt vom Alter der Jurymitglieder ab: So wurde 1984 die Siebzigjährige Marguerite Duras Preisträgerin, 1981 wurde der Siebenundsechzigjährige Lucien Bodard geehrt.

Vor der Bekanntgabe des Goncourt-Preisträgers im November steigt die Spannung. Zeitungen drucken Listen mit den aussichtsreichsten Kandidaten, Literaturfreunde diskutieren die möglichen Resultate – und greifen manchmal auch zu schlagkräftigeren Argumenten: 1977 warf der frustrierte Schriftsteller Jacques Thieuloy einen Molotowcocktail ins Haus von Jurymitglied Françoise Mallet-Joris. Sechs Jahre später wurden versteckte Mikrofone im Tagungsraum der Jury gefunden. Dass Verlagshäuser den Preisträger im Voraus kennen möchten, ist allerdings verständlich. Seit 1949 kursiert in der Branche die Angst vor einer Blamage. Damals hatte ein Lektor des Verlagshauses Juillard das wenig später mit dem Goncourt ausgezeichnete Werk »Week-end à Zuydcoote« (»Wochend in Zuidcoote«) von Robert Merle entrüstet abgelehnt.

Staatstragendes

In französischen Nachrichtensendungen wimmelt es von Adressen. Da macht der *Quai* eine Mitteilung, und aus *Matignon* erschallt dieses oder jenes. Ein Grundvokabular:

Sénat
In Frankreich besteht das Parlament aus zwei Versammlungen: der Nationalversammlung und dem Senat. Letzterer stimmt über Gesetze ab, die entweder von der Regierung vorgelegt werden oder einer parlamentarischen Initiative entstammen. Sitz des Senats ist das Pariser Palais de Luxembourg, erbaut 1799.

Assemblée nationale
Die 577 Mitglieder der Nationalversammlung tagen im Palais Bourbon, das von 1722 bis 1728 für die Tochter Ludwigs XIV. erbaut worden ist. Anders als die Mitglieder des Sénats können sie die Regierung stürzen, so wie es 1962 mit der Regierung Pompidou geschehen ist.

Elysée

Der Palais de l'Elysée ist Amts- und Wohnsitz des französischen Staatspräsidenten. Dieser Prachtbau nördlich des Champs-Elysées wurde 1718 bis 1722 für den Grafen von Evreux errichtet. Ludwig XV. schenkte ihn der Marquise de Pompadour.

Quai d'Orsay

Kurzform für das Außenministerium, das an der Adresse 37, Quai d'Orsay residiert. Wird auch *Le Quai* genannt. Neben prachtvollen, meist in Gold gehaltenen Sälen findet man im ersten Stock auch zwei bestens ausgestattete Art-nouveau-Badezimmer samt Dusche.

Matignon

Sitz des Premierministers in der Rue de Varenne 57 in Paris. Der Amtssitz wurde 1722 bis1724 für Christian Louis de Montmorency-Luxembourg errichtet.

Quai des Orfèvres

Kein Ministerium – und mit Goldschmieden (*Orfèvres*) hat die Adresse auch nichts zu tun. Hier sitzt die Direction régionale de la police judiciaire de Paris, also die Polizei. Für 2017 ist ein Umzug in den Pariser Stadtteil Batignolles vorgesehen.

Der Börsenindex

Das Pariser Äquivalent zum DAX heißt CAC 40. Für deutsche Ohren klingt das nicht wirklich schön (Kack karent), die Abkürzung steht jedoch für cotation assistée en continu.

Les Grandes Écoles – große Schulen, große Namen

Pferde grasen auf dem Campus, idyllisches Grün auf 160 Hektar umgibt die École Polytechnique, einen soliden Betonblock im Pariser Vorort Palaiseau. Zwischen bescheidenen Studentenwohnheimen im praktischen Quadratwürfelformat herrscht reger Betrieb. Irgendwo zwischen den vielen jungen Menschen muss er sich verstecken, der nächste Henri Becquerel, Valéry Giscard d'Estaing, André Citroën, Bernard Arnault oder Carlos Ghosn. Die nämlich saßen einst an den Schulbänken der »X«, wie Volksmund und Studenten das Bildungsinstitut nennen, lernten hier nicht nur höhere Mathematik, sondern auch militärische Disziplin. Die »X« wird von Xavier Michel geleitet, einem Brigadegeneral mit kantigen Zügen, randloser Brille und Kurzhaarschnitt, der selbstverständlich in Uniform auf dem Campus promeniert. »Unsere französischen Schüler haben während ihrer

Ausbildung den Offiziersrang inne und werden entsprechend entlohnt«, erläutert Michel. »Sechs Stunden Sport pro Woche sind obligatorisch, ebenso soziales Engagement, etwa in einem Gefängnis oder beim Roten Kreuz. Uniform tragen die Schüler hingegen nur noch bei Paraden; Hosen mit rotem Band, Zweispitz, dazu eine Art Säbel, Tangente genannt.«

Die Polytechnique stammt aus einer Zeit, als es den Begriff High Potentials noch nicht gab, das Dekret zu ihrer Gründung wurde 1794 unterzeichnet. General Michel achtet deshalb besonders darauf, auch die Zukunft im Blick zu halten: »Alle zwei Monate treffe ich mich mit Spitzen der Wirtschaft. Wir erörtern Wünsche, Vorschläge. Wenn es sinnvoll ist, kann ich einen Studiengang innerhalb von drei Monaten ändern.«

Willkommen in der Welt der Grandes Écoles, der großen Schulen, Kaderschmieden der französischen Elite. Bis auf Nicolas Sarkozy kamen alle Präsidenten seit de Gaulle von den »großen Schulen«, dazu Schriftsteller, Naturwissenschaftler, Unternehmensführer. Und die Polytechnique ist mitnichten die einzige Kaderschmiede: Fast nebenan liegt die HEC, die École des Hautes Études Commerciales von 1881, die unter dem Motto »Lerne zu wagen« die Manager von morgen ausbildet. Im nahen Paris befindet sich die École Normale Supérieure (ENS) in der Rue d'Ulm, die Naturwissenschaftler, Forscher, Philosophen und Historiker hervorbringt und, laut stellvertretendem

Direktor Yves Guldner, »zusammen mit der X über die besten Mathematiker verfügt«. Acht Träger der Fields-Medaille für Mathematik sowie neun Nobelpreisträger befinden sich unter den »Normaliens« – hätte Sartre 1964 nicht den Nobelpreis für Literatur abgelehnt, wäre es noch einer mehr. Politiker wie Georges Pompidou, Alain Juppé und Laurent Fabius drückten die Schulbänke.

Weit über die Landesgrenzen hinaus berühmt ist die Verwaltungsschule ENA (École nationale d'Administration), heute in der ruhigen Rue Sainte-Marguerite in Straßburg angesiedelt. ENA-Absolventen, sogenannte Enarchen, belegen die Schlüsselpositionen in Politik und Wirtschaft. Zu den prominenten Zöglingen der Schule gehören Valéry Giscard d'Estaing, Jacques Chirac, Édouard Balladur, Dominique de Villepin, François Hollande oder Jean-Claude Trichet, ehemaliger Direktor der Europäischen Zentralbank. Sie alle lächeln den Besucher links und rechts des Eingangs entgegen, auf den Abschlussfotos ihrer Jahrgänge, damals Mitte zwanzig und allesamt mit hoffnungsfrohen Gesichtszügen.

»Unsere Schule wurde erst 1945 von de Gaulle gegründet«, erläutert der ehemalige Direktor Antoine Durrleman. »Aber sie gilt allgemein als die größte der Grandes Écoles.«

Der Schlüssel zum Erfolg der Grandes Écoles ist nicht nur das anspruchsvolle Studium, es ist auch die strenge Vorauswahl der Studenten. Zwei bis drei Jahre dauern die *classes préparatoires*, Vorbereitungsklassen, die sich schon am späteren Studiengang orientieren. Eine intensive, vor allem an der Theorie orientierte Ausbildung. Viele Studiosi sind dennoch gleichzeitig, quasi zur Sicherheit, an einer normalen Universität eingeschrieben, denn am Schluss wird gnadenlos ausgesiebt: Bernard Ramanantsoa, der Direktor der HEC, ließ seine Eleven bei diesen Prüfungen gern seitenlange Aufsätze zu Themen wie »Das Nichts« oder »Darüber gibt es nichts zu sagen« verfassen.

»Allein für den Studiengang Biologie bewerben sich jährlich um die 700 Kandidaten«, erklärt Yves Guldner von der ENS, »genommen werden nur zwanzig.« »In die ENA schaffen es 90 von 1500 Bewerbern«, sagt Durrleman, der in seiner Jugend bei den Stadtwerken Celle tätig war. Die Studenten sehen es ähnlich: »Die Aufnahmeprüfung war hart«, heißt es allerorten. Danach kann man das erste Jahr eher ruhig angehen lassen. Denn ist man erst mal in einer großen Schule aufgenommen, stehen die Chancen auf einen Abschluss gut, kaum jemand fällt durch.

Aufnahmeprüfung und Examen sind zwei Stützpfeiler der Grandes Écoles: »Sie entsprechen dem napoleonischen Ideal der Méritocratie: Danach verdient man seinen Platz in einer Gesellschaft allein durch sein Talent, nicht durch Geburt, Reichtum oder Beziehungen«, erklärt Durrleman.

Kurz: Die großen Schulen sind jenseits des Rheins der Königsweg zur großen Karriere – und der Schlüssel zum Verständnis von Frankreichs politischer und wirtschaftlicher Kaste: »Ein HEC-Absolvent wird sein ganzes Leben lang mit HEC angeredet, auch wenn er später ein Restaurant betreibt«, sagt Ramanantsoa. Ein Normalien bleibt sein Leben lang ein Normalien. Die Enarchen gelten in weiten Teilen Frankreichs als dem Volk entfremdete, kalte Technokraten. An Frankreichs Bistrotresen kursieren deshalb Witze wie »Was ist der Unterschied zwischen Gott und dem Schüler einer Grande École? – Gott hat sich nie für den Schüler einer Grande École gehalten.«

Le Mobilier National – Möbel für Präsident und Vaterland

Im Mobilier national in Paris werden Stühle und Teppiche, Tische und Tapisserien für den Elysée-Palast und die französischen Botschaften restauriert. Strikt unter Ausschluss der Öffentlichkeit.

»Einfach vergessen hatte man ihn«, Monsieur Menuge, ein Herr mit grauem Kurzhaar und braunem Anzug, streichelt zärtlich über seinen »Schatz«. »Irgendwann war er aus einer Botschaft zu uns gekommen. Und dann ist er einfach vergessen worden.« Mit seinem Blick scheint er die Linien des schwarzgoldenen Büromöbels nachzuziehen. Menuge schüttelt den Kopf. Wie, scheint er sich zu fragen, konnte man so etwas vergessen? Eines der raren Möbelstücke aus der Werkstatt von Weisweiler, 18. Jahrhundert. Louvre-Qualität. »Aber er ist nicht im Louvre, er ist bei uns!« Die vier Schreiner zwischen Mitte zwanzig und Ende fünfzig schauen bei dem kleinen Triumphruf nicht mal auf. Ein älterer Herr mit Brille sucht nach fehlenden Stücken von Intarsienarbeiten, zwei Mitarbeiter vergleichen Holzfarben, flinke Hände greifen nach Stofffetzen zum Polieren, die jemand in Marmeladengläsern abgelegt hat. Es riecht nach Klebstoff, Aceton und Super Nikco Vernilline, einer Politurflüssigkeit, die auch für Geigen genutzt wird. Werkstattalltag. Zumindest, wenn zwischen den sieben Werkbänken nicht Tischchen und Uhrenkästen aus den Zeiten Ludwig XIV. oder Napoleons III. auf Rettung warten würden. Die Schreiner sind Louvre-Qualität gewohnt. Zusammen mit Webern, Schmieden und Polsterern werken Monsieur Menuge und sein Team in einer riesigen Werkstatt mit dem Namen Mobilier national für den Komfort des französischen Staatspräsidenten. Die unter Heinrich IV. gegründete Institution restauriert und lagert diskret Kunstschätze und Möbel aus 600 Jahren Landesgeschichte für den Élysée-Palast, Matignon, den Sitz des Premierministers, Ministerien, französische Botschaften in aller Welt und

40

die Präsidentenbühne für die Parade des 14. Juli. Ein kleines Staatsgeheimnis: Fragen nach dem Jahresbudget, dem Lagerbestand oder dem Wert der einzelnen Stücke sind in den Hallen des Mobilier weitgehend tabu. Immerhin kündet eine Schwarzweißfotografie in der Schreinerei davon, dass Präsident Pompidou am 13.10.1969 das Mobilier in Augenschein genommen hat. Pompidou sieht darauf recht zufrieden aus.

Le Mobilier, das ist eine autarke Welt auf 2,5 Hektar Pariser Innenstadtlage. »Für Besucher öffnen wir nur einige Tage im Jahr, während der *Journées du Patrimoine*«, (siehe auch S. 124) erläutert Bernard Schotter, Direktor des Mobilier. »Eines der schönsten Komplimente ist es, wenn die Besucher uns beim Verlassen des Hauses sagen, sie seien das erste Mal zufrieden, Steuern zu bezahlen.« Denn in den Kellern des Mobilier lagern mehr Kunstschätze als in vielen Museen. Ursprünglich verwaltete das 1663 von Colbert straff organisierte Mobilier die Kunstschätze der royalen Residenzen, die Revolution verminderte den Bestand jedoch erheblich: Mal wurden wertvolles Mobiliar zu Feuerholz, mal wurden aus Schränken und Teppichen die Lilie der Bourbonen herausgeschnitten. Dennoch wollte kein französischer Herrscher auf sein »Garde-Meuble« verzichten. Nach einer Odyssee durch den Louvre, dem Hôtel de Conti, dem Hôtel d'Evreux und dem Hôtel de Garde Meuble an der Place de la Concorde – dem heutigen Marineministerium neben dem noblen Hôtel de Crillon – landeten die Kunstschätze 1936 dann in der Rue Berbier-des-Mets. Das Gebäude ist eine strenge Mischung aus Bunker und Büro mit zwei wachsam schauenden Löwen vor dem Eingang.

»Die Geschichte ist uns wichtig. Aber wir arbeiten auch für die Zukunft. Bestimmt die Hälfte unserer Mitarbeiter restauriert nicht, sondern kreiert«, erläutert Schotter, ein blasser, freundlich blickender Mann mit Brille. »Pompidou und Mitterand haben viele avantgardistische Möbel bei uns bestellt. Unsere Arbeit verhilft der Staatsmacht zu einem visuellen Erscheinungsbild. Unter Mitterand war die Präsidentenloge zum 14. Juli immer traditionell, der Elysée-Palast aber sehr modern.« Gut 260 Menschen arbeiten heute an den visuellen Aspekten der Grande Nation. Die meisten sind »Überzeugungstäter« wie Michel Loison vom Weberatelier. Loison ist seit 42 Jahren im Haus und wirkt trotz seiner 1,60 Meter, als könne er auf jeden Neuling herabschauen. »Wir Weber entwickeln viele unserer Teppiche nach Vorgaben moderner Künstler. Da, der Vasarely da hinten. Vor zehn Jahren groß in Mode, dann in der Versenkung verschwunden. Jetzt wieder ganz groß.« Gerade entsteht unter seiner Aufsicht ein Teppich nach einem Motiv von Claudio Parmiggiani. Zwei Herren schneiden mit einer Art Gartenschere die Fäden zurecht, das wirkt ein wenig, als würden sie einen englischen Golfrasen auf Höhe bringen. Das Werk wirkt wie ein Mosaik aus Tausenden von Händeabdrücken. Loison betrachtet es kritisch, weist seine Mitarbeiter zurecht: »Mit der Schere nur die Kanten streicheln.« »Ein Teppich«, doziert er, »ein Teppich ist wie Haar, wenn man die Konturen nicht richtig arbeitet, verwuschelt er. Deshalb die Scheren.« Loison ist ein Perfektionist. Zwei Dinge bereiten ihm Sorgen: der Mangel an Nachwuchs und die Langsamkeit seines Ateliers. »Damals, unter Ludwig XIV., gab es hier noch 350 Mitarbeiter. Die arbeiteten auch am Samstag, am Sonntag oder nachts mit der Kerze auf den Knien. Da musste nicht wie heute 2,5 Jahre an jedem Teppich gearbeitet werden.« Die Wolle der Teppiche wird drei Häuser weiter gefärbt, nach alten Rezepten des Chemikers Eugène Chevreuil (1786–1889), der seinerzeit aus 72 Grundfarben 14 420 Farbtöne ableitete. Noch heute stapeln sich Chevreuils Phiolen säuberlich hinter Glas »Das sind die ersten Industriefarben des 19. Jahrhunderts«, heißt es ehrfürchtig in der Färberei. »Leider sind die Etiketten verrottet, wir wissen nicht mehr genau, was wofür verwandt wurde.« Nebenan trocknet Wolle auf einem Heizkörper.

Die Mitarbeiter des Mobilier national sind eben »Gralshüter« mit viel Geduld, immer auf einem schmalen Grat zwischen Vergangenheit und Gegenwart. Nach dem hausgemachten Trockenvorgang werden die Stoffe von einem Computerprogramm erfasst, das später auch feinste Farbabstufungen unterscheiden hilft.

Das Geheimnis, wie man einem halbverrottetem Stück aus den Zeiten Ludwigs XIV. wieder Prestige verleiht, wie ein Teppich nach alter Art entsteht, lernen die Mitarbeiter im Haus. »Es gibt einen strengen Auswahlprozess für hausinterne Schulungen«, sagt Direktor Schotter. »Vier Jahre werden etwa die Weber ausgebildet. Leider können wir uns heute nicht mehr auf den Nachwuchs aus Handwerksberufen verlassen. Einige Techniken der Weberei und Spitzenklöppellei gibt es nur noch hier, bei uns. Anschließend folgt die Anleitung durch die älteren Kollegen.« Restauration ist keine exakte Wissenschaft. Oft merken wir erst bei der Arbeit an einem Stück, wie unsere Vorfahren wirklich gearbeitet haben.« So müssen die Experten der Abteilung »Schmiede, Lüster und Bronzen« regelmäßig tonnenschwere Kronleuchter Stück für Stück aus Schlössern und Museen entfernen, um sie möglichst unbeschadet und authentisch wirkend diskret auf elektrisches Licht umzurüsten. Meistens werden die Leitungen außen verlegt, um das Kunstwerk nicht zu zerstören. Erfordert es die Lichtdramatik vor Ort, können ganz schnell vier bis sechs integrierte Halogenstrahler die Ambiance verändern. Auch das Holz der Schreinerei muss farbecht sein: »Nach Möglichkeit verwenden wir gut getrocknetes Material aus der Zeit des Möbelstücks. Notfalls nehmen wir Bäume, die mindestens hundert Jahre alt sind.« Eine neue Entwicklung: Vorher wurde ohne Rücksicht auf Verluste altes Holz oder alte Wolle durch neue ersetzt, manchmal sogar zwei Möbelstücke zu einem einzigen zusammengenagelt. Zum schlimmsten Feind des Restaurators werden so die Kollegen aus vergangenen Zeiten – und die kleinen Probleme des Alltags. »Wenn wir nicht über Uhren aus Directoire und Empire sitzen, Bronzen ziselieren oder die Metallteile antiken Mobiliars ausbessern, haben unsere Auftraggeber oft nur einen Wunsch: Nachschlüssel für alte Schlösser«, sagt man in der Schmiede. Stolz auf die geleistete Arbeit ist trotzdem jeder Mitarbeiter des Mobilier national. »Wir arbeiten für Frankreichs zukünftige Größe«, hört man quer durch die Ateliers. Oder: »Stellen Sie sich nur einmal vor, wer dieses Stück schon in Händen gehalten hat.« Loison von der Weberei drückt es anders aus: »Wenn der Präsident im Fernsehen Ansprachen hält, schaue ich zuerst auf seine Füße«, meint er. »Die stehen nämlich auf meinem Teppich. Dann weiß ich, ob wir gute Arbeiten geleistet haben. Das Licht der Öffentlichkeit verzeiht schließlich keine Fehler.«

Die Macht der Sterne – abergläubische Tradition

François Mitterrand ließ sich sieben Jahre lang von der Astrologin Elisabeth Teissier beraten. Wer in

Deutschland in der zweiten Lebenshälfte steckt, kennt das ehemalige Mannequin und Pin-up-Girl der Sternenleser vielleicht noch aus der unsäglichen »Astro Show« der 1980er Jahre. Auch zum Ersten Golfkrieg oder zum Maastricht-Vertrag hatte Frau Teissier eine Meinung, die sie dem Präsidenten mitteilte.

Charles de Gaulle ließ sich 25 Jahre lang vom Astrologen Maurice Vasset, genannt Regulus, beraten. Auch Jacques Chirac soll ihn Jahrzehnte später konsultiert haben. In Frankreich gehen die Reichen und Mächtigen zum Wahrsager. Auch heute noch. Der Gang zum Seher hat Tradition in Frankreich, und diese geht teilweise auf Marie-Anne Lenormand (1772–1843) zurück. Schon im zarten Alter von sieben Jahren soll sie den Benedikterinnen von Alençon, die eigentlich mit ihrer Erziehung beauftragt waren, ihre Zukunft verraten haben. Nach der Revolution, im Jahr 1790, zog es Madame Lenormand nach Paris, wo sie zunächst in einer Wäscherei arbeitete. Irgendwann lernte sie eine Kartenlegerin, Madame Gilbert, kennen. Und nur drei Jahre später ließ das politische Paris sich von ihr die Karten legen: Marat, Robespierre und Saint-Just soll sie einen gewaltsamen Tod vorausgesagt haben. Eine Beratung kostete damals 10, 40 oder 80 Francs (zum Vergleich: Die Jahresmiete von Lenormands Büro betrug 900 Francs). Zuerst examinierte Lenormand die linke Hand, dann musste der Ratsuchende Fragen beantworten: Initial des Vornamens, Ort, Datum und Zeit der Geburt, bevorzugte Blume, Tier und Farbe sowie der erste Buchstabe des Wohnsitzes. Inzwischen legte Madame nicht nur Karten, sondern las die Zukunft auch aus Kaffeesatz und zerbrochenen, rohen Hühnereiern.

Kaiserin Joséphine wurde zur Stammkundin. Angeblich hatte Lenormand ihr Rang und Gemahl vorhergesagt, nachdem ihr erster Mann Alexandre de Beauharnais guillotiniert worden war. Damals hieß die Imperatrice noch Marie Josèphe Rose – den Namen Joséphine erhielt sie erst von Napoleon. Der große Korse lästerte über das permanente Interesse seiner Frau am Kartenlesen, soll jedoch selbst bei Lenormand Kunde gewesen sein. Zweimal lässt er sie auch verhaften. Freunde der Hellseherei meinen, dass sie wegen schlechter Vorhersagen in die Haftanstalt gesperrt wurde. Skeptiker entgegnen, dass sie Geheimnisse der Kaiserin weitergegeben haben könnte. Inzwischen überwachte auch die Polizei die seherischen Aktivitäten. Und die hatte eine klare Meinung: »Dummköpfe erster Klasse«, und besonders Frauen, lassen sich bei der Kartenlegerin mit Karossen vorfahren. Die Frau eines Kapitäns der Gendarmerie hatte in nur achtzehn Monaten 4000 Francs bei der Seherin gelassen und sei danach so stark verschuldet gewesen, dass sie »innerhalb von vier Tagen aus Gram starb«.

Lenormands Erfolg tat das keinen Abbruch. Der

persische Botschafter besuchte sie, um zu wissen, wie es in seinem Harem in Isfahan zugeht, auch Fürst Metternich schaute vorbei. Ab 1814 schrieb sie zudem Bücher, darunter tatsächlich eins über die Geheimnisse von Kaiserin Joséphine (»Mémoires historiques et secrets de l'impératrice Joséphine, Marie-Rose Tascher-de-la-Pagerie, première épouse de Napoléon Bonaparte«, 1820). Selbst Napoleon soll nach der Lektüre im Exil getobt haben.

Marie-Anne Lenormand starb 1843 im Alter von 71 Jahren in Paris, angeblich nach einem Herzinfarkt. Sie hinterließ ein stattliches Vermögen. Noch heute werden in Esoterik-Shops Karten mit ihrem Namen angeboten – die Lenormandkarten.

Sterben verboten – absurde Gesetze und Verordnungen

Aliens aufgepasst: In der Weinbaugemeinde Châteauneuf-du-Pape ist fliegenden Untertassen das Parken und Abheben verboten. Auch das Dorf selbst darf nicht überflogen werden. Die Verordnung des Bürgermeisters Lucien Jeune von 1954 unterscheidet sogar zwischen »fliegenden Untertassen« und »fliegenden Zigarren«. Im Wege der Auslegung könnte man sie also auf Raumfahrzeuge aller Form beziehen.

Damit ist Châteauneuf-du-Pape vor Belästigungen durch weltraumfahrende Zivilisationen und Untergangsszenarien à la »Independance Day« seit gut sechzig Jahren optimal geschützt. Die Gemeinde selbst veröffentlicht die Verordnung heute noch auf ihrer Website. Spielverderber bemängeln allerdings, dass sowohl die achtstellige Telefonnummer als auch die angegebene Postleitzahl im Jahr 1954 noch nicht existierten.

Allein: Die Tatsache, dass die Gemeinde sich zur Verordnung bekennt, zeigt, dass die Verantwortlichen die Existenz derselben für möglich halten. In Frankreich wird nämlich alles streng verwaltet und geregelt. Spezielle Verwaltungsschulen bringen die effizientesten Verwalter hervor. Hochrangige Verwalter haben es dem Autor dieses Buches mal ganz einfach erklärt: »In Deutschland ist alles verboten, was nicht explizit erlaubt ist. In Frankreich jedoch, da ist absolut alles erlaubt, was nicht explizit verboten ist. Deshalb brauchen wir viele Regeln, die jedoch nicht permanent durchgesetzt werden.« Also wird geregelt:

Seit 1800 muss eine Frau, die sich wie ein Mann kleiden möchte, bei der Polizeipräfektur eine spezielle Erlaubnis beantragen. Voraussetzung dafür ist wiederum eine Art Gesundheitszeugnis.

In der Gemeinde Cugnaux ist es seit 2007 verboten, zu sterben. Es sei denn, man gehört zu den wenigen Privilegierten, die über eine eigene Gruft verfügen.

Dann ist das Sterben in Cugnaux erlaubt. Der Bürgermeister wollte mit dieser Regelung gegen den zu kleinen Friedhof der Gemeinde protestieren.

Die Gemeinde Granville hingegen verbot im Jahr 2009 die Präsenz von Elefanten am Strand. Zumindest hatte der Bürgermeister einen Grund für die Verordnung: Ein reisender Zirkus erlaubte den Dickhäutern Strandspaziergänge, während denen die Tiere ihr großes Geschäft verrichteten.

Seit 1803 können Eltern und diverse Anverwandte gegen die Hochzeit ihrer Sprösslinge Einspruch einlegen. Auch (und gerade) wenn diese volljährig sind. Das regelt auch heute noch der Artikel 173 des Code civil. Allerdings müssen die Eltern einen »juristischen« Grund für ihr Ansinnen vorbringen. Simple Abneigung reicht nicht aus.

Über andere Gesetze ist die Zeit hinweggegangen: Das Verbot, sich am Bahnsteig zu küssen, kann nur aus einer Zeit stammen, in der freundliche Lokführer noch auf Verliebte warten mussten. Mit anderen Worten: Das ist verdammt lang her. Dauerküsser würden ihren Zug heute verpassen.

Seit Mitte der 1990er Jahre müssen Radiosender ihre Hörer zu 40 Prozent mit französischer Musik beschallen. Davon wiederum muss die Hälfte von »neuen Talenten« stammen. Neues Talent im Sinne der Regelung ist jeder Interpret, der noch nicht über zwei goldene Schallplatten verfügt. Eine Ausweitung der Regelung auf heutige Streamingdienste scheint dringend geboten.

Wieder andere »Gesetze« und Regeln wabern im Dunstkreis zwischen historischer Wahrheit und urbaner Legende. So heißt es, jeder Franzose müsse Heu im Hause haben, falls der König geruht, auf einem Ausritt vorbeizuschauen. Abgesehen davon, dass ein solcher Fall im Moment nicht akut zu befürchten ist, können auch Juristen diese angebliche Vorschrift nicht belegen. Außerdem glaubt fast jeder Franzose, dass es illegal ist, ein Schwein Napoleon zu nennen. Hinzugezogene Fachleute konnten zwar kein konkretes Gesetz nennen, dass die Namensgebung untersagt, gaben jedoch zu bedenken, dass es sich um eine alte Verordnung halten könnte, die prinzipiell noch in Kraft sei. Ein kleines Indiz des ungeschriebenen Gesetzes findet sich im 1945 erschienenen Roman »Animal Farm« von George Orwell. Im englischen Original heißt ein Schwein Napoleon. Die ersten französischen Übersetzungen benannten es in Cäsar um.

Tatsächlich gibt es aber auch in unserer Zeit noch alte Verordnungen, die nie außer Kraft gesetzt wurden. Dazu gehören etliche Vorschriften, wie ein Hingerichteter ordnungsgemäß im Gefängnisregister eingetragen wird. Weil in Frankreich die Todesstrafe 1981 abgeschafft wurde, kommen sie in der Praxis jedoch nicht mehr zum Einsatz.

Einmal aber ging der Amtsschimmel sogar in die

Knie: Seit dem 7. November 1800 war es Pariserinnen explizit verboten, Hosen zu tragen, es sei denn, die Damen waren zu Pferd oder Fahrrad unterwegs. Zuwiderhandlungen konnten mit einer Haftstrafe geahndet werden. Die Hosen-Regelung wurde über Jahrzehnte zwar nicht mit Füßen getreten, aber mit Ober- und Unterschenkeln sowie Knien arg malträtiert. Und deshalb wurde diese Regelung auch abgeschafft, mehr als 200 Jahre später, am 31. Januar 2013. Jedem ordentlichen Beamten müssen ob dieses Gnadenakts Tränen des Zorns in die Augen steigen. Schließlich hätte man das Hosenverbot, statt es einfach abzuschaffen, doch in eine Hosensteuer umwandeln können, die aus Gründen der Gleichberechtigung sowohl von Frauen als auch von Männern zu entrichten wäre.

Schloss der Superlative – das Château de Versailles

Das französische Schloss par excellence, Symbol der Größe von König und Vaterland und Vorbild für fast jeden Schlossarchitekten Europas. Sonnenkönig Ludwig XIV. beschloss 1660 ein kleines, gemauertes Jagdschloss seines Vaters zur prächtigen Residenz umzubauen. Die größten Künstler und Baumeister ihrer Zeit wurden nach Versailles gerufen, um das Vorhaben zu realisieren. Die Architekten Le Vau und (ab 1678) Hardouin-Mansart, der berühmte Gartenbaumeister Le Nôtre und der Innenarchitekt Le Brun. Achtzig Millionen Pfund gab der Sonnenkönig für die Bauarbeiten aus. Zum Vergleich: Ein Arbeiter, der am Schlossbau mitwirkte, verdiente damals etwa einen Sou pro Stunde. Nach französischen Berechnungen kostete Versailles 50-mal die Bausumme des Eiffelturms. 1682 zog der Hof definitiv nach Versailles um, fertig war das Schloss deshalb noch lange nicht. Erst 1710 konnte der nunmehr 72-jährige Sonnenkönig seine Schlosskapelle betreten. Das Château verfügte damals über nicht weniger als 1300 Zimmer und 1252 Kamine, allein in den Ställen fanden 2400 Pferde und 200 Karossen Platz. Für den Innenausbau verwandte man 60 verschiedene Sorten Marmor.

Berühmt ist der 73 Meter lange Spiegelsaal (*Galerie des Glaces*). Hier rief Bismarck am 18. Januar 1871 Wilhelm I. zum deutschen Kaiser aus, hier wurde am 28. Juni 1919 mit dem »Friedensvertrag von Versailles« völkerrechtlich der Erste Weltkrieg beendet. In den sechs Salons des *Grand Appartement* gab der König seine Empfänge – das Büfett stand im »Salon des Überflusses« (*Salon d'Abondance*), während die Musikanten im Marssalon (*Salon de Mars*) aufspielten. Das Appartement der Königin wurde für Maria Theresia, die Gemahlin des Sonnenkönigs, geschaffen.

Hier erblickten im Laufe der Jahrhunderte 19 Prinzen und Prinzessinnen (immer vor den Augen einer Horde Höflinge) das Licht der Welt. Im *Chambre du Roi*, dem königlichen Schlafzimmer, fand jeden Morgen und Abend eine besonders wichtige höfische Zeremonie statt. Zum *lever* und *coucher* (dem königlichen Aufstehen und Zubettgehen) traten die Höflinge in detailliert festgelegter Reihenfolge an, um den Herrscher anzukleiden oder ihm das Frühstück zu reichen.

Umgeben ist das prunkvolle Schloss von rund hundert Hektar großen Schlossgärten mit ihren Alleen und Skulpturen. Rechts vom Grand Canal, im »Klein-Venedig«, lebten zu Ludwigs Zeiten tatsächlich venezianische Gondolieri, die neben ihren typischen Gondeln auch Miniatur-Kriegsschiffe durch die Anlage steuerten.

Das *Grand Trianon* war bis 1687 ein mit Kacheln verkleidetes Porzellanschlösschen, nach seinem Verfall wurde ein größeres ganz in Marmor errichtet. Im *Petit Trianon*, einem Geschenk von Ludwig XVI. an seine Frau, ereilte Marie-Antoinette 1789 die Nachricht, dass die Pariser Aufständischen auf Versailles zumarschieren. Marie-Antoinette war es auch, die *Le Hameau* erbauen ließ, den Nachbau eines ländlichen Dorfes mit kleinen strohgedeckten Häusern, Molkerei, Mühle und Taubenschlag. Ein bäuerliches Disneyland, mitten auf dem Gelände des prachtvollsten Schlosses seiner Zeit – und Rückzugsort der Königin.

Legendäres

Surcouf –
Korsaren, Freibeuter & Piraten

Wer erinnert sich noch an »Das Wappen von Saint-Malo«? In der Vorabendserie aus der Zeit, als das Fernsehen noch ausschließlich öffentlich-rechtlich war, kämpfte ein heldenhafter Korsar namens Surcouf gegen Horden von Schurken, die Frankreich die Vorherrschaft auf den Weltmeeren streitig machen wollten. Meist waren die Bösen zahlreicher und schwerer bewaffnet als Surcouf – ab und zu musste ihn seine treue Mannschaft sogar vor der Hinrichtung bewahren.

Den heldenhaften Kapitän gab es wirklich, und selbstverständlich war Surcouf tatsächlich in Saint-Malo zu Hause. Seine Korsarenkarriere dauerte allerdings kaum länger als die Fernsehserie. Bereits mit 35 hatte Surcouf so große Reichtümer angehäuft, dass er in Rente gehen konnte. Dafür nimmt manch einer gerne eine Beinahehinrichtung in Kauf. Zumal ein

Korsar damals eigentlich nichts anderes war als ein halbwegs legalisierter Pirat.

Seit einem Edikt von Colbert aus dem Jahre 1681 erlaubte seine Majestät gnädigst das Plündern von feindlichen Schiffen – französische mussten selbstverständlich verschont bleiben – und strich 50 Prozent aus dem Verkauf der Beute ein. Die meisten der holländischen und englischen Handelsschiffe waren zu schwer und unbeweglich, oft auch zu schlecht bewaffnet, um Surcoufs wendigem Schiff »Renard« (Fuchs) ernsthaft gefährlich werden zu können – zudem war die Renard so flink, dass sie bewaffneten Eskorten flugs davonsegeln konnte. Dank seiner königlichen *lettres de course* blieb Surcouf stets von der Strafe für ordinäre Seeräuber, dem Erhängen, verschont. Der Korsar, ein ordentlicher Steuerzahler mit Lizenz zum Töten.

In Saint-Malo hat heutzutage eine regelrechte Surcouf-Verehrung eingesetzt. Touristen können sich im Nachbau der Renard herumschippern lassen, das Surcouf-Denkmal und sein Grab auf dem Friedhof von Rocabey sind begehrte Sehenswürdigkeiten. Trotzdem war der Kapitän alles andere als einer der säbelschwingenden Helden aus Errol-Flynn-Filmen. Seine Karriere begann als Sklavenhändler, nach seiner »Frührente« machte er sich als Waffenhändler selbständig und rüstete andere Korsaren aus.

René Duguay-Trouin (1673–1736), ein anderer

Bürger von Saint-Malo, stand ihm an Skrupellosigkeit gewiss nicht nach. Der wagemutige Seemann plünderte mit seiner Korsarencrew rund 300 Schiffe – und Rio de Janeiro. Zum Dank wurde er in den Adelsstand erhoben, in den Rat der Ostindienkompanie aufgenommen und schließlich zum Marinekommandanten ernannt. Das Einzige, was Duguay-Trouin von Surcouf'schem Touristenruhm trennt, ist seine eigene Fernsehserie.

1856 schlug die letzte Stunde für die Nachfahren von Surcouf. Das Korsarentum wurde untersagt, die *lettres de course* abgeschafft. Die See wurde etwas sicherer und die Kriege wieder etwas teurer. Frankreichs Finanzminister wird sicher ein paar leise Tränen vergossen haben.

Die Legende der Bastille

Wer denkt beim Wort Bastille nicht an die Französische Revolution? Am 14. Juli 1789 stürmten Revolutionäre das gleichnamige Gefängnis – das Datum ist noch heute Frankreichs Nationalfeiertag.

Mutige, aufrechte Bürger, belagerten eine uneinnehmbare Festung, um unschuldige Gefangene zu befreien, die königliche Willkürherrschaft zu beenden und die Kanonen, die stets auf die Pariser Zivilbevölkerung gerichtet waren, ein für alle Mal außer Gefecht zu setzen. So wird es erzählt. Aber geschah es wirklich so? Ein paar Korrekturen:

Die Bastille war eine uneinnehmbare Festung.
- Nein, denn quer durch die Geschichte wurde die Bastille bei absolut jedem Angriff eingenommen. So etwa 1588, 1594 und 1649. Immerhin hielten die Belagerten in der Bastille im Jahr 1594 ganze vier Tage aus.

In der Bastille stapelten sich die Opfer der Willkürjustiz zu Hunderten.
- Die Bastille verfügte über 42 Zellen, die selten voll belegt waren. Alte Registerverzeichnisse künden von 19 bis 43 Gefangenen – pro Jahr.

Der König nutzte die Bastille, um das Volk zu unterdrücken.
- Jacques Necker, damaliger Finanzminister, plante seit 1784, das Festungsgebäude schleifen zu lassen. Die Unterhaltkosten waren für die Staatskasse einfach zu teuer.

Die Kanonen der Bastille waren auf das Volk gerichtet.
- Seit der Fronde im 17. Jahrhundert schossen sie höchstens noch an Festtagen Salut.

Die Gefangenen hausten unter unmenschlichen Umständen.

- Wohl dem, der Haftstrafen in der Bastille verbüßen durfte! Ursprünglich wurden Adelige und Angehörige vermögender Familien hier weggesperrt. Gefangene erhielten dieselben Mahlzeiten wie der Kommandant ihres Gefängnisses, verfügten zuweilen über eigene Diener und durften Besucher empfangen. Der Marquis de Sade soll sogar seinen eigenen Wein im Keller des Kommandanten gelagert haben. Gegen Ende des 17. Jahrhunderts wurden freilich deutlich weniger komfortable Zellen für bürgerliche Gefangene nebst Folterkammer zugefügt.

Im Namen der Freiheit, als Aufstand gegen die königliche Tyrannei, wurde die Bastille gestürmt, um zu Unrecht Inhaftierte endlich zu befreien.

- Pariser Bürger wollten sich mit dem »Sturm« vor allem Pulver, Waffen und Munition beschaffen.

Hunderte kampfgestählte, blutrünstige Soldaten standen heldenhaften Bürgern gegenüber.

- In der Bastille befanden sich zum Zeitpunkt des Sturms 32 Schweizer Gardisten sowie 82 ältere Soldaten, auf Französisch Invalides genannt. Eine erste Delegation der Pariser Bürger wurde vom Kommandanten der Festung sogar zum Mittagessen eingeladen, nachdem sie gegen 10 Uhr 30 Waffen und Pulver gefordert hatten.

Nach dem Sturm auf die Bastille wurden zahlreiche Gefangene befreit.

- Befreit wurden letztendlich ganze sieben Häftlinge: die vier Wechselfälscher Béchade, Laroche, La Corrège und Pujade, die beiden Geisteskranken Tavernier und Whyte sowie der Graf von Solages, der eine Haftstrafe wegen Inzests verbüßte. Er war auf Bitten seines eigenen Vaters eingesperrt worden, der sogar für seine Unterbringung im Gefängnis zahlte. Die Wechselfälscher wurden einen Tag später wieder inhaftiert. Tavernier und Whyte steckte man ins gefürchtete Asyl von Charenton. Allein der Inzest-Graf durfte sich wieder in Freiheit austoben.

In heldenhaftem Kampf trotzten ehrliche Bürger der Obrigkeit.

- Die Bürger ermächtigten sich erst mal einer jungen Dame, die sie fälschlicherweise für die Tochter des Kommandanten hielten. Mademoiselle de Monsigny wird auf ein Strohbett geschmissen, das die Revolutionäre anzünden. Als ihr Vater, der die 82 Invalides kommandiert, ihr zu Hilfe eilen will, wird er von zwei Kugeln getötet. Nachdem gegen 15 Uhr 30 fünf Kanonen auf die Festung gerichtet werden, kapituliert Kommandant De Launay nach der Zusage, dass weder ihm noch seinen Leuten Leid zugefügt werde. Wenig später wird De Launay vom Koch Desnot enthauptet, »weil der sich mit Fleisch auskennt«.

Das Schleifen der Bastille markiert das Ende königlicher Willkürherrschaft.

• Mit dem Schleifen der Bastille wurde der Unternehmer Pierre-François Palloy beauftragt. Der verdiente sich ein Zubrot mit dem Verkauf von Souvenirs wie Miniatur-Bastillen aus Stein und Gips oder Schlüsseln, die angeblich aus dem Eisen der Ketten der Zugbrücke geschmiedet waren. Im Jahre 1814 entdeckte Palloy, dass er in seinem tiefsten Herzen im Grunde Royalist war, und nahm vom zukünftigen Karl X. den Lilienorden (*Décoration du Lys*) entgegen.

Diese Fakten sind in Frankreich wohl bekannt. Deshalb feiert man am 14. Juli weniger den »Sturm auf die Bastille«, sondern vielmehr die Fête de la Fédération, ein Fest, das am 14. Juli 1790 auf dem Marsfeld stattfand. Als 1880 ein Datum für einen Nationalfeiertag gesucht wurde, gaben etliche Abgeordnete zu Protokoll, der »Sturm auf die Bastille« sei ein »blutiger Tag«, an dem es auch zu »bedauerlichen Geschehnissen« gekommen sei.

Mit Pfeil und Bogen – die Schlacht von Azincourt

Die Schlacht war eigentlich reine Formsache. Am 25. Oktober 1415 standen 18 000 Franzosen ganzen 6000 englischen Soldaten gegenüber. Rund 5000 davon waren Bogenschützen. Der englische Longbow war gefürchtet, schließlich konnte er pro Minute leicht ein gutes Dutzend Pfeile abschießen. Eine französische Armbrust hingegen kam nur auf zwei. Doch Reihen von Bogenschützen lassen sich aufreiben, etwa mit der Kavallerie. Überhaupt waren die englischen Truppen geschwächt und müde, vor der Schlacht hatte es heftig geregnet. Auf Frankreichs Seite hingegen traten die Besten der Besten an: Der Maréchal Boucicaut! Der Connétable Charles d'Albret! Der Duc d'Orléans! Der Duc de Bourbon! David de Rambures, Großmeister der Armbrustschützen, Admiral Jacques de Châtillon, Seigneur de Dampierre, gefolgt von nicht weniger als 3000 bestens bewaffneten Rittern. Nur der Mächtigste von allen fehlte: Jean Sans-Peur, Johann Ohnefurcht, der Herzog von Burgund. Sicher, das Terrain war nicht ideal gewählt: Die Franzosen standen auf einem Acker zwischen den Wäldern von Azincourt und Tramecourt, der Boden war vom Regen aufgeweicht – doch was konnte angesichts der zahlenmäßigen Übermacht schon groß passieren. Wie es der damaligen Tradition entsprach, stand der englische König Heinrich V. nebst Leibgarde an der Spitze. Ein König war schließlich der Anführer, und kaum einem gekrönten Haupt wäre damals die Idee gekommen, sich in einem Bunker zu verstecken und das Kämpfen, Leiden und Sterben den Truppen zu überlassen.

Zuerst wurde verhandelt. Die Engländer bieten die Aufgabe einiger Festungen an, darunter Harfleur in Nordfrankreich. Die Franzosen fordern die bedingungslose Aufgabe ihrer Gegner. Jetzt musste gekämpft werden. Gegen zehn Uhr morgens ließ Heinrich V. seine Truppen ein paar hundert Meter vorrücken. Er besetzte damit die engste Stelle zwischen den beiden Wäldern und brachte die Franzosen in Reichweite seiner Bogenschützen. Die standen links und rechts an den Flanken, vor der Kavallerie geschützt durch zugespitzte Pfähle. Als die ersten Pfeile einschlugen, stürmten die französischen Ritter los, wenn auch nicht in voller Stärke. Von den 1200 Berittenen waren nur etwa 400 bis 900 am richtigen Ort einsatzbereit.

Die schweren Schlachtrosse kamen auf dem Schlamm ins Rutschen oder Fallen, verletzte Pferde galoppierten zurück in Richtung der französischen Fußkämpfer, die nun ihrerseits in die Schlacht eingreifen wollten. Mit ihren etwa 30 Kilo schweren Rüstungen versanken sie teilweise knietief im Schlamm.

Um effektiv kämpfen zu können, braucht ein gepanzerter Kämpfer Platz. Er muss mit Lanze, Schwert oder Streitkolben ausholen können. An Platz mangelte es den Franzosen jedoch, schließlich stürmten Tausende den vorderen Reihen nach. Wer einmal zu Boden fiel, konnte sich wegen der nachfolgenden Truppen kaum aufrichten. Der englische Pfeilhagel zwang die Franzosen dazu, ihre Visiere von Anfang an geschlossen zu halten, das schränkte obendrein ihr Sichtfeld ein. Dennoch sah alles nach einem französischen Sieg aus. Die Engländer wichen zurück, Heinrich V. ging kurz zu Boden. Während die Franzosen auf den Körpern der Gestürzten und Gefallenen kämpften, gerieten die zahlenmäßig unterlegenen Engländer in die Defensive. Dann aber griffen die Bogenschützen in den Kampf Mann gegen Mann ein. Die Engländer kämpften mit dem, was sie gerade hatten: Hammer und Äxte, die zum Zuspitzen und Einschlagen der Pfähle gedient hatten, Piken, Schwerter und Dolche. Französische Hochadelige wurden von einfachen Fußsoldaten gefangen genommen. Etwa drei Stunden nach Beginn der Schlacht traf der Duc de Brabant nebst Gefolge auf dem Schlachtfeld ein und griff prompt an. Auch zwei französische Grafen versuchten eine Offensive. In dieser Situation befahl Heinrich V., die französischen Gefangenen zu exekutieren. Seine Soldaten weigerten sich zunächst, schließlich stand ein gefangener Adeliger für hohes Lösegeld. Gegen siebzehn Uhr geht die Schlacht von

Azincourt zu Ende. Die Briten hatten gesiegt. Es heißt, sie hätten nur 112 Gefallene zu beklagen gehabt. Auf französischer Seite starben Tausende, darunter etliche Adlige wie der Duc d'Alençon, der Duc de Brabant, der Duc de Bar, etwa neunzig Barone.

Sicher, die genaue Stärke der französischen Truppen und die Anzahl der Gefallenen ist umstritten. Einige Historiker gehen davon aus, dass die französische Überlegenheit geringer ausfiel und Heinrich V. die Anzahl der Gefallenen aus Propagandagründen minimierte.

Fest steht, dass die Verluste der Franzosen empfindliche Lücken in die damalige »Verwaltung«, der zivilen Aufgabe der Herzöge und Barone, rissen. Den Engländern jedoch gilt die Schlacht von Azincourt bis heute als einer der größten militärischen Siege überhaupt. Shakespeare griff den Stoff in seinem Stück »Heinrich V.« (»The Life of Henry the Fifth«) und der darin vom König im 4. Akt gehaltenen »St.-Crispins-Day-Rede« auf.

Global Player, früh übt sich – die Ostindienkompanie

Frankreichs Handelsbilanz sah trist aus: Portugiesen, Holländer und Engländer hatten den Handel mit den Ländern Asiens und des Orients fest in der Hand. Durch die Gewürze und Seidenstoffe, den Tee und das feine Porzellan, das ihre Schiffe aus der Ferne heimbrachten, flossen enorme Summen in die (Staats-)Kassen der Händler. Nur in Frankreich wollte der Kommerz mit der Ferne partout nicht gelingen. Seit der Zeit Heinrichs IV. (1553–1610) waren bereits drei Handelsgesellschaften nach kurzer Zeit im Ruin geendet. Trotzdem wurde im August 1664 auf Initiative von Colbert die *Compagnie des Indes Orientales* gegründet. König Ludwig XIV. billigte der neuen Gesellschaft großzügig die Exklusivität auf den Handel mit Indien, der Insel Madagaskar und allen orientalischen Meeren zu. 1666 wurden bei Port-Louis die ersten Schiffe auf Kiel gelegt – der »Grundstein« der Stadt Lorient.

Ein gewisser François Caron, der früher für die holländische Handelsgesellschaft gearbeitet hatte, gründete 1667 in Surate die erste indische Handelsniederlassung der Compagnie. Vor allem Baumwolle, aber auch Pfeffer, Indigo, Zimt und bengalische Seide wurden von dort aus exportiert. Der geschäftstüchtige Caron expandierte nach Masulipatam an der Ostküste Indiens, nach Java und Bangkok und breitete seinen Einfluss sogar bis nach Japan aus. Trotzdem entwickelte sich die Ostindienkompanie langsam zum finanziellen Desaster. Die Kolonisierung von Madagaskar verlief mehr als schleppend. Schiffe, die für

Nachschub sorgen sollten, trafen erst nach Monaten ein. Auch die Einheimischen waren den Eindringlingen feindlich gesonnen. Wenige Jahre der erfolglosen Kolonisierung eines winzigen Fleckens Land hatten die Kompanie die ungeheure Summe von 500 000 Livres gekostet. Doch auch der Handel mit Indien und dem Orient wollte nicht recht aufblühen. Carons Gründungen lagen in Gebieten, in denen Holland starken politischen Einfluss ausüben konnte, und mussten jeweils nach kurzer Zeit ihre Tore schließen. Die florierende Handelsgesellschaft von Surate wurde 1670 von Holländern und Engländern verwüstet. Der Krieg der Augsburger Allianz und der Spanische Erbfolgekrieg behinderten den Seehandel schließlich so sehr, dass Colberts Compagnie 1719 in Konkurs ging.

Ein Fiasko, das der Krone die Lust am Handel mit fernen Ländern erst einmal ausgetrieben hatte.

Hier wittert der schottische Finanzier John Law, der schon seit 1717 mit Louisiana in Handelsbeziehungen steht, seine Chance. Nach dem Edikt von Réunion (1719) gründet er die *Compagnie des Indes*. Laws Statthalter in den Kolonien verfügen über weitreichende Rechte, entscheiden vor Ort über Krieg und Frieden, Verträge und Gesetze und können sogar eigene Münzen prägen lassen. Vom fernen Paris aus kapitalisiert der geniale Law seine Indienkompanie mit enormen Summen, die er dank Aktienausschüttungen mit noch enormeren Dividendenversprechen auftreiben kann. Irgendwann muss sich Law jedoch verrechnet haben: Nach einem enormen Boom, bei dem für 500 Livres ausgegebene Aktien binnen Tagesfrist für 18 000 Livres gehandelt werden, kommt es zum Crash. Die Käufer merken, dass Laws Bank ihre vermeintlich riesigen Gewinne nicht auszahlen kann. John Law flieht im Dezember 1720 nach Brüssel und stirbt 1729 vollständig verarmt in Venedig. Seine Indienkompanie überlebt die Pleite und führt noch bis 1769 florierende Geschäfte mit China. Tee, Seide und Porzellan werden in Europa weiterhin gut gehandelt und manchmal sind auch ganz besondere »Waren« dabei. Als Ludwig XV. einen bengalischen Tiger für seine Menagerie verlangt, wird das Tier zusammen mit 400 Schafen an Bord gebracht, »Katzenfutter« für die lange Fahrt nach Frankreich.

Mobiles

Im Geschwindigkeitsrausch – der TGV (Train à grande vitesse)

Angeblich soll es Leute geben, die in Lyon leben und im 464 Kilometer entfernten Paris arbeiten. Möglich wird das durch den Hochgeschwindigkeitszug TGV (*Train à grande vitesse*). Der schafft die Strecke in zwei Stunden – so lang braucht man auch mit dem Auto, wenn man an den Randzonen der Banlieue lebt.

Seit seiner Premiere im Jahr 1981 hat der TGV Frankreich erobert und Reisende überzeugt. Rund 2037 Kilometer TGV-Strecken durchziehen Frankreich, etwa 200 Bahnhöfe werden angefahren, gut 100 Millionen Reisende werden pro Jahr befördert. Seine Durchschnittsgeschwindigkeit beträgt 300 km/h, auch wenn er im Jahr 2007 mit 574,8 km/h mal einen Geschwindigkeitsrekord aufstellte.

Seit den 1960er Jahren war das Projekt TGV in Frankreich diskutiert worden, zunächst als Antwort auf die japanischen Hochgeschwindigkeitszüge vom Typ Shinkansen, später vor dem Hintergrund sinkender Nutzerzahlen der guten, alten Eisenbahn. Präsident Pompidou entschied sich 1974 für den Bau der ersten Strecke zwischen Paris und Lyon. In über dreißig Jahren gab es zwar auch einige TGV-Unfälle, bisher ist jedoch kein einziger Passagier zu Tode gekommen.

Und weil der TGV im Stadtzentrum abfährt und ankommt, hängt er auf den meisten Strecken sogar das Flugzeug ab. Aus Frankreichs Alltagsleben ist er jedenfalls nicht mehr wegzudenken – auch wenn es inzwischen noch schnellere Beförderungsmethoden gibt: Im April 2015 erreichte ein japanischer Maglev (Magnetschwebebahn) stolze 603 km/h.

Zu Unrecht vergessen – der geniale Rosengart

Sie kennen Renault. Sie kennen Citroën. Sie kennen Peugeot. Aber kennen Sie auch Rosengart?

Im Alter von 22 Jahren gründete Lucien Rosengart (1881–1976) eine Fabrik für Schrauben, Muttern und Unterlegscheiben und wurde schnell zum Zulieferer für Eisenbahn und Autoindustrie. Seine »nicht rostende Schraube« bespöttelten die Kollegen zuerst, später kamen sie beim Bau der Pariser Métro zum Einsatz.

Der hoffnungsfrohe Selfmademan, Sohn eines Mechanikers, hatte mit elf Jahren die Schule geschmissen und seine spärlichen kaufmännischen Kenntnisse als Sekretär des kommandierenden Majors des 17. Jäger-Bataillons erworben. Bereits 1923 beschäftigte Monsieur rund fünftausend Menschen, darunter stets drei- bis fünfhundert Behinderte, für die Rosengart individuelle Spezialwerkzeuge anfertigen ließ – ein in der damaligen Arbeitswelt vollkommen unübliches soziales Engagement. Der Zulieferer war stets bevorzugter Gesprächspartner prominenter Automobilhersteller, als 1919 André Citroën in finanzielle Schwierigkeiten geriet, trieb Lucien Rosengart eine Finanzspritze von 20 Millionen Francs auf. Belohnt mit einem Direktorposten, entwickelte er zusammen mit Jules Salomon das Kettenfahrzeug Citroën B2 Kégresse. In heutigen Hochglanzbüchern rund um die bekannte französische Marke taucht der Dynamiker dennoch nicht auf, seine finanzielle Nachhilfe und sein Führungsposten scheinen vergessen.

Nebenbei fand der Tüftler noch die Zeit, sich einen soliden Ruf als Universalgenie aufzubauen, erfand Fahrradmotoren, Bootsmotoren, Taschenlampen mit Dynamobetrieb sowie ein Tischfußballspiel, für das sich der Kaiser von Vietnam bedankte. Rosengart gründete den Pariser Nautic-Salon, für Peugeot erkundete er den amerikanischen Markt und erstellte eine Studie über die Erfolgsgeheimnisse der dortigen

Automobilindustrie. Zudem konzipierte er aufsehen-
erregende Werbekampagnen: An den kalten Februar-
tag 1926, als tausend Luftballons mit den Aufschriften
»Ein Peugeot hebt Sie in den Himmel« oder »Ah – einen Peugeot müsste man haben« über Paris aufstie-
gen, erinnerten sich die Hauptstädter jedenfalls noch
lange – schließlich gehörten zu den Hauptpreisen der
Ballonfinder auch echte Peugeots.

1928 war der einfallsreiche Dynamiker es leid,
in der zweiten Reihe zu stehen. Eine eigene Marke
musste her. Angeblich sollen ihn die eigenen Händler zu dem Entschluss gedrängt haben. Lange vor
Einführung systematischer Marktforschung ver-
schickte der Konstrukteur 10 000 Briefe an Leute aller
Bevölkerungsschichten: »Wie würden Sie sich Ihr
Auto wünschen?« 8700 Franzosen antworteten, und
nicht weniger als 80 Prozent hatten eine klare Vorstellung ihres Traumwagens: »Es sollte ein Wagen mit
5 PS von hoher Wirtschaftlichkeit (5–6 Liter Benzin
pro 100 km) zu einem Preis zwischen 14 000 und
18 000 Francs sein, der bei einer Geschwindigkeit von
60 km/h zwei oder drei Personen befördern kann.« In
einer Zeit, als der fahrbare Untersatz den Superschö-
nen und Superreichen reserviert war, etwa 200 000
Francs kostete und regelmäßig die Hilfe eines Mechanikers benötigte, sollte man bei der neuen Marke
Reparaturen selbst ausführen können. Und noch ein
Novum führte Rosengart ein: Kauf auf Kredit! Fort-

an durfte man sich für seinen neuen Wagen achtzehn Monate lang verschulden.

Um Zuverlässigkeit zu gewährleisten, erwarb Rosengart in England eine Austin-Seven-Lizenz – mit 60 000 verkauften Exemplaren war der Brite ein bewährter Bestseller. Für Aufbau und Karosserie sollte es später zahlreiche Schönheitspreise, aber auch bissige Kommentare der britischen Fachpresse geben: »Ein Franzose, der England besucht, wird zum Durchschnittskleinwagen sagen, dass er wie eine scheußliche, mit Rädern versehene rechteckige Kiste wirkt, während ein Engländer, auf Besuch in Frankreich, den gängigen Kleinwagen dort als eine mit allerlei Beiwerk geschmückte Kreuzung zwischen einem U-Boot und einem Fahrrad empfinden wird«, hieß es 1930 in der Zeitschrift »The Light Car«.

Bei der Vorstellung von vier Modellen – Sport, Coupé, Cabrio und Limousine – auf dem Pariser Autosalon kam es zu einem solchen Auflauf, dass zwecks Aufrechterhaltung öffentlicher Ordnung die Gendarmerie einschreiten musste. Im kommenden Jahr gewannen die Rosengarts Rennen in Pau, Grasse, Vichy, Nancy, Paris, der »Sport« stellte in Monthléry einen 24-Stunden-Weltrekord in der Klasse bis 750 Kubikzentimeter auf. Durchschnittsgeschwindigkeit: 109 km/h.

1930 riss der Testfahrer François Lecot, ein gallischer Draufgänger, an 111 Tagen 100 000 Kilometer in seinem Rosengart herunter. Publikum und Presse waren skeptisch: C'est impossible – das ist unmöglich!

Achtzehn Monate später verplombte Rosengart vor den Augen der versammelten Journalisten ein Serienfahrzeug – einen LR4 mit der Chassisnummer 50839 – und übergab ihn Lecot, der sich wieder auf die »Tour de Force« machte. Diesmal schaffte er die 100 000 Kilometer in 105 Tagen.

Aus dem Tüftler, der nur ein einziges Schulzeugnis besaß, war ein geachteter Gentleman der Pariser Gesellschaft geworden. Selbst ein Chanson widmete man seiner Marke: »Ich bin nicht schön, ich bin nicht stark, ich weiß es, doch ich habe einen Trost: Ich habe meinen Rosengart …«

Seinen einzigen Motor ließ Rosengart übrigens aus persönlichem Ehrgeiz entwickeln: Als der Konstrukteur mit einem kleineren Modell vor dem Pariser Maxim's vorfuhr, kam ihm ein riesiger Packard Roadster entgegen. »Eine so zierliche Person in solch einem Lastwagen«, soll Rosengart der Fahrerin gesagt haben. »Und ein so stattlicher Mann in solch einem Spielzeugauto«, lautete die (verdiente) Antwort. Sechs Wochen später schenkte der Konstrukteur Madame den Super 6 mit dem damals kleinsten Sechszylinder der Welt – 1028 Kubik und 24 PS. »Ein richtiges Auto«, das muss Liebe sein. Während des Krieges versteckte die Dame namens Aline Maugey das Auto zuerst in einem Schloss bei Tarbes, später im kleinen Dorf Roquelaure vor den Nazibesatzern. Rosengart nahm den Namen Lagrave an und ließ sich einen Vollbart stehen. Einer Visite von fünf Gestapo-Männern entkam er dennoch nur knapp. »Sie sind denunziert worden«, soll einer der Gestapo-Leute Madame Maugey noch zugeflüstert haben. Von einem Neider? Einem Konkurrenten?

Roquelaure ernannte den prominenten Besucher nach Kriegsende zum Bürgermeister, Frau Maugey wurde im November 1945 nach einem rauschenden Fest im Ritz die dritte Madame Rosengart. Doch die Automobilbranche im Nachkriegsfrankreich hatte sich verändert: Rosengarts Supertrahuit mit 8-Zylinder-Mercury-Motor, 1947 präsentiert, wurde schon nicht mehr in Serie hergestellt. Der Gedanke vom sparsamen Alltagsauto hatte Schule gemacht, die Zeit der eleganten Karosserieschneider ging ihrem Ende entgegen. 1954 ließ Rosengart sich auszahlen und gab den Automobilbau auf. Selbst seine Fabriken im 17. Bezirk von Paris mussten später dem Bau des Boulevard péripherique weichen. In einer Villa in Villefranche-sur-Mer widmete Lucien Rosengart sich meist der naiven Malerei, tüftelte gelegentlich wie in seinen Jugendjahren und meldete bis zum 92. Lebensjahr noch Patente an. Als er 1976 starb, war seine Marke nur noch Insidern ein Begriff.

Das wohl einzige Rosengart-Museum befindet sich übrigens in Bedburg-Rath – in Deutschland!

Jedes Jahr irgendwann um den 13. August bricht über die Gemeinde Porcaro im Morbihan ein beeindruckendes Spektakel ein: Motorräder aus halb Europa brausen durch das Dorf, alle Marken, alle Baujahre, verschiedenste Nationalitäten sind vertreten. Mit wummernden Motoren wecken die Jungs und Mädels in schwarzem Leder die 645 Einwohner. Und die sind alles andere als verärgert. Schließlich wollen die Biker nur den Pfarrer besuchen. Am 15. August, Mariä Himmelfahrt, findet in Porcaro nämlich ein großes Pardon für Motorradfahrer nebst Einsegnung der Maschinen statt. Abbé Louis Prévoteau, der 1979 die Veranstaltung um die »Madonna der Motorradfahrer« (*Madone des motards*) gründete, war selbst im hohen Alter noch stolzer Besitzer einer schweren BMW. Am Anfang war der Gottesdienst gerade mal für eine beschränkte Gruppe von Freunden gedacht, ganze 38 Mann versammelten sich in der kleinen Kirche.

Mit den Jahren sprach sich die Geschichte von der »Madonna der Motorräder« in der Szene herum, Presse und Fernsehen berichteten, und heute kann Porcaro im August nicht weniger als 8000 Besucher begrüßen. Die meisten reisen schon ein paar Tage früher an, campen auf den Feldern. Einige haben hinten auf ihrer Maschine ein kleines Fass Bier festgeschnallt, schließlich ist der Platz in den beiden Cafés des Ortes begrenzt. Andere statten schon bei der Ankunft dem Geistlichen einen Besuch ab. Mal will ein junges Paar in schwarzer Kluft getraut werden, mal wird dem Geistlichen der Nachwuchs vorgestellt, gelegentlich möchte jemand für einen seiner Freunde beten, der in den letzten Monaten auf der Straße verunglückt ist. Nicht jeder Biker ist ein Chorknabe, die meisten bestätigen, dass sie nur nach Porcaro kommen, »um zu feiern und Freunde zu treffen«. Aber wenn die Morgensonne aufgeht, steigen sie doch auf ihre Maschinen, um zur Kirche zu fahren. Schnell verwandeln sich Hauptstraße und Felder in einen immensen Parkplatz, die Dörfler und einige Schaulustige bewundern die chromblitzenden Maschinen. Wer möchte, kann ein Madonnenbildnis oder einen Aufkleber mit der Aufschrift »Erinner dich. Sei vorsichtig« (*Souviens-toi. Sois prudent.*) und andere kleine Souvenirs erstehen. Vier Freiwillige, zwei Frauen und zwei Männer, tragen schließlich die Madonnenstatue zum Oratorium aus Zeltleinen, Dörfler und Biker folgen andächtig. Während einer Messe wird den Opfern des Straßenverkehrs gedacht, junge Leute werden zur Vorsicht ermahnt. Schließlich folgt der Höhepunkt: Ein Fahrer nach dem anderen begrüßt den Pfarrer, nickt ihm kurz und freundlich zu und lässt sein Stahlross einsegnen. »Die Madonna beschützt uns auf der Straße«, erklärt ein stämmiger

Bretone mit Vollbart, »schließlich haben unsere Fischer ihre Boote auch einsegnen lassen.« Die Letzten müssen zwei Stunden oder länger warten, aber niemand verliert die Geduld.

Luxuriöses

Wussten Sie, dass …

… die Pariser Luxushotels als Kutschenstationen für britische und amerikanische Touristen entstanden?

… der Champagner Veuve Clicquot ursprünglich die Nebenbeschäftigung eines französischen Webers und Textilkaufmanns war?

… die Haute Couture entstand, als der Engländer (und Wahlpariser) Charles Frederick Worth sich individuellen Einzelanfertigungen verweigerte und stattdessen vorgefertigte Modelle erstellte?

… der weltberühmte Hotelier César Ritz ganz bescheiden in der Herberge »Zu den drei Kronen« im Schweizer Wallis anfing und lange Jahre seines Lebens als Servierer verbrachte?

Heute gehören die meisten Luxusmarken der Welt den riesigen Konglomeraten LVMH, Kering und Richemont. Das war nicht immer so. Am Anfang jeder großen Marke steht ein Mann oder eine Frau mit besonderem Können und einer besonders guten Idee.

Die zukünftigen Luxusmarken entstanden dabei nicht immer in Zeiten des Überflusses. Der Konkurrenzkampf zwischen den Spezialisten war erdrückend. In vielen Nischen gab es nur Platz für eine Handvoll Anbieter:

Einfach war das Leben noch bei Hermès, wo die Pariser seit 1843 Pferdegeschirr und Reitpeitschen erwarben – Eigner Thierry Hermès war aus dem deutschen Krefeld nach Frankreich ausgewandert. Hermès ist heute ein weltbekanntes Luxuslabel, doch auch winzige Boutiquen erzählen in Paris die Geschichte von Gloire et Grandeur der Hauptstadt des 19. Jahrhunderts. Sie widerstanden Wirtschaftskrisen und Weltkriegen, überlebten jede technische Innovation. Und manchmal fanden sorgfältige Handwerker gar ihren Weg in die Weltliteratur. Etwa der Graveur Stern, der von 1830 bis 2009 feine Visitenkarten und Ex-Libris im Sortiment hatte. Émile Zola beschreibt das Geschäft und seine Umgebung in seinem Roman »Nana« (1880) bis ins Detail. Schließlich hatte Stern seine glorreiche Zeit während des Second Empire. Inzwischen wurde das Geschäft des traditionsreichen Druckers leider durch ein Restaurant ersetzt.

Oder Lachaume, ein Florist, der sich 1845 unter den Arkaden des Palais Royal niedergelassen hatte. Von Jules Lachaume heißt es, er hätte die Orchidee als Zierblume in Mode gebracht. Lachaume war Hoflieferant von Napoleon III. und den Romanows, zu seinen Kunden zählte auch ein gewisser Marcel Proust, der in seinem Werk »Im Schatten junger Mädchenblüte« (»A l'ombre des jeunes filles en fleurs«, 1919) auch die Boutique erwähnt.

Nicht immer war die Pariser Stadtgeschichte gerecht, oft blieben Weltruf und literarischer Ruhm trotz sorgfältiger Arbeit aus. Wer etwa erinnert sich an die Familie Aurouze, die die Pariser Bürger seit 1872 vor schädlichen Nagern und Insekten schützt und zahllose Mausefallen erfand? Genau: Das sind die Leute, die ihre Beutetiere im Pixar-Film »Ratatouille« im Fenster ausstellen.

Und wer kennt François Goyard, der 1853 begann, Schrankkoffer herzustellen? Ein Jahr später eröffnete ein gewisser Louis Vuitton ein Geschäft mit ähnlichen Waren. Goyard überzog all seine Koffer mit einer Mischung aus Baumwolle und Leinen, auf der Muster in Form eines gedehnten V prangten. Georges Vuitton, der Sohn von Louis Vuitton, kreierte 1896 dann das heute weltbekannte LV für sein Reisegepäck. Doch auch Goyards Boutique in der Rue Saint-Honoré ist heute noch eine Sehenswürdigkeit, die mit dem englischen Slogan »Dresses carefully packed« in Goldbuchstaben über dem Eingang wirbt.

Hätte es Guerlain nicht gegeben, wir würden uns heute vielleicht mit Detaille parfümieren. Die Comtesse de Presle eröffnete die Boutique 1905 in der Rue Caumartin 13. Madame la Comtesse liebte die Pariser Soiréen sowie das – damals neue und eher den Männern vorbehaltene – Automobil. Der prominente Chemiker Marcellin Berthelot erhörte ihre Beschwerden hinsichtlich vulgären Straßenstaubs auf cremefarbener Gesichtshaut und destillierte für ihre Boutique den »Automobilbalsam«, eine Feuchtigkeitscreme. Später folgte ein »ungarisches Wasser« gegen unangenehme Transpirationseffekte. Madame la Comtesse heiratete einen gewissen Detaille, Eau de Toilette und Parfum wurden ins Angebot aufgenommen. Das Geschäft steht wie eh und je – nur Automobilbalsam suchten wir vergeblich.

Manchmal machten die traditionsreichen Geschäfte ihre ersten Besitzer zwar nicht berühmt, aber immerhin schwerreich: Wer am Boulevard Haussmann in den Galeries Lafayette stöbert, wird in der Nachbarschaft unter der Hausnummer 57 eine luxuriöse Holzfassade entdecken. Goldene Lettern auf schwarzem Grund verkünden, dass hier ein gewisser Pouyanne Hosen, Hemden und Kleider reinigte. Louis Pouyanne entdeckte nämlich schon 1903, dass

Haushaltshilfen und Dienstmägde mit dem Reinigen der empfindlichen Kreationen der Haute Couture überfordert waren. Monsieur eröffnete die erste Luxusreinigung, arbeitete für die großen Modeschöpfer Worth, Paquin, Doucet und Poiret. Das Geschäft lief, der ehemalige Advokat bedauerte es nie, seine schwarze Robe gegen schmutzige Wäsche getauscht zu haben. Auch heute noch empfehlen Pariser Maßschneider ihren Kunden bei hartnäckigen Flecken die Pilgerfahrt zu »Pouyanne«. Dort werden die Spezialisten mit jedem Schmutzrand fertig – wenn auch oft zum Preis eines Designeranzugs.

EPV – Klein, aber fein oder gemeinsam sind sie stark

Es klingt nach einem Treffen der Zu-kurz-Gekommenen, nach einem letzten Aufbäumen der Globalisierungsverlierer. Mitten im New Yorker Bryant Park trafen sich Ende September 2013 Messerschmiede aus der Auvergne, Seifensieder aus Marseille, Keramikspezialisten und Handwerker einer Fabrik für Holzspielzeug aus der Region Jura. Einen kleinen Triumphbogen hatten sie mitgebracht, ein Ballon erinnerte daran, dass auch die Montgolfière aus Frankreich kam.

Wer einen beschaulichen Abgesang auf die gute, alte Zeit erwartet hatte, wurde enttäuscht. Gesucht wurden Kontakte auf einem Exportmarkt, eingeladen hatte der französische Staat. Unternehmen wie die Messerschmiede Claude Dozorme oder die Schnitzer von Campana sind staatlich anerkannt als EPV, die Abkürzung für *Entreprise du Patrimoine Vivant*. Sinngemäß übersetzt, handelt es sich also um Unternehmen, die zum Kulturgut gehören und damit förderungswürdig sind.

»In Frankreich gibt es seit Jahren eine Diskussion um den Begriff »Made in France«, erklärt Alexis Govciyan, der als Directeur de l'Institut Supérieur des Métiers das Label verwaltet. »Was wird noch in Frankreich hergestellt? Ist es bezahlbar? Ist es konkurrenzfähig?«

Metalle schmieden, Stoffe weben, Keramiken brennen, das gilt gewöhnlich nicht als Zukunftsberuf. Betreibt der französische Staat hier Artenschutz? Govciyan ist mit solchen Fragen vertraut: »In unserer Auswahl befinden sich Unternehmen die 250, 400 oder gar 600 Jahre alt ist. Für eine derart lange Lebensdauer kann kein Unternehmer sich auf tradierte Fertigkeiten verlassen. Er braucht Innovation, muss sich auf neue Märkte und veränderte Ansprüche der Verbraucher einstellen. In vielen Fällen hat sich auch die Distribution im Laufe der letzten Jahrzehnte gründlich verändert.«

Tatsächlich reiht sich im Register der EPVs Perle an Perle:

Rosa Biscuits
»Fossier« in Reims wurde 1756 gegründet und stellt rosa Biscuits her, die zum Champagner gereicht werden. Für das Rezept auf Basis von Eiern, Zucker, Mehl und Vanille wurde früher die Restwärme der Brotöfen genutzt. Der Kniff: Jeder Biscuit wird zweimal gebacken und weicht daher beim Einstippen in den Schampus nicht sofort auf. Fossier vertreibt die Biscuits in eigenen Läden und in gemieteten Cornern in großen Warenhäusern in den USA und Japan.

Königlicher Schmuck
»Mellerio dits Meller« (»Mellerio genannt Meller«) heißt ein Pariser Juwelier und Goldschmied, der sich seit nicht weniger als vierzehn Generationen in Familienbesitz befindet. Der erste Mellerio eröffnete seinen Laden 1613, seine Nachfahren zählten Königin Marie Antoinette zu ihren Kunden. Die Säbel der Mitglieder der Académie française werden hier ebenso gestaltet wie Schmuckstücke für finanzkräftige Kunden in den Golfstaaten, Japan und den USA. Dabei erweisen sich die Archive des Hauses als unschätzbarer Vorteil. Zeichnungen, Entwürfe, Bestellungen und Briefwechsel bewahrte das Haus stets auf. Sie dienen als Vorlage für Reproduktionen oder als Inspiration.

Traditionsreicher Champagner

»Gosset« ist der erste noch existierende Winzer-
betrieb in der Champagne. Im Jahr 1584 wurde er von
Jean Gosset in Ay gegründet. Damals gab es in der
Region schon Wein, aber noch keinen Champagner,
der entgegen anderslautender Meldungen wohl auch
nicht vom Mönch Dom Pérignon erfunden wurde. Zu
Pérignons Zeiten waren Flaschen noch nicht kräftig
genug, um dem Druck der Kohlensäure standhalten
zu können. Bei Gosset erklärt man, der Champagner
würde seit dem 18. Jahrhundert produziert, zuerst für
den lokalen Markt. Noch heute werden alle Champagner aus dem Hause Gosset weltweit nach dem
traditionellen Verfahren ausgebaut.

Dies klingt noch sehr nach kulinarischer Gloire et
Grandeur, verbunden mit französischer Lebensart. Neben kulinarischen Handwerkern und Grand
Hôtels wie dem Meurice und dem Plaza-Athénée
gehören jedoch auch Unternehmen wie Tolix, Hersteller unverwüstlicher Metallstühle, Aléonard, ein
Fabrikant von Dachziegeln, der heute zur Wiener-
berger-Gruppe gehört, drei Werften in Marseille und
Cassis sowie eine Gruppe von Klempnern, Schlosser
und Elektriker namens Balas zu den EPVs.

Das Geheimnis des Klempners ist relativ einfach –
und doch schwer zu realisieren: Die Handwerker der
Groupe Balas beherrschen die Techniken ihrer Vor-

gänger. Sie reparieren Installationen in der Comédie Française und im Schloss von Versailles. Außerdem verstehen sie sich darauf, historische Bauten zu »elektrifizieren«, zum Beispiel einen historischen Kronleuchter fast unsichtbar mit elektrischem Licht nachzurüsten. In Frankreich mit seinen vielen Schlössern und Landsitzen ist auch dies ein lukrativer Markt. Mitten in Krisenzeiten weist das Unternehmen ein Umsatzplus von fast 28 Prozent aus.

Pépites d'Or, Goldstückchen, nennt Alexis Govciyan »seine« EPVs fast zärtlich. »In Frankreich gibt es heute etwa 3,5 Millionen kleine und mittelständische Betriebe«, erläutert er. »Unsere 1130 sind sozusagen die Elite. Vielleicht werden es eines Tages 2000 sein, aber wesentlich mehr finden wir wohl nicht.«

Die »Pflege der Kleinen« ist neu in Frankreich. Bisher verfolgten Regierungen eine Strategie der »nationalen Champions«. Große Transportunternehmer wie Alstom oder der Atomkraftwerksbetreiber Areva waren und sind sich eines offenen Ohres im Elysée-Palast sicher. Ein »nationaler Champion« wird vom Staat ausgewählt, um zum führenden Anbieter Frankreichs zu werden – gleichzeitig werden damit Konkurrenten aus anderen Ländern vom französischen Markt weitgehend ausgeschlossen. Wirtschaftspatriotismus in Reinform, der in Frankreich bisher kaum in Frage gestellt wurde.

Das neu entdeckte Interesse an Kleinunternehmen und Mittelständlern hat zwei Gründe: Zum einen soll es Arbeitsplätze und Know-how im Land halten. Schließlich arbeiten nicht weniger als 52 000 Menschen bei den EPVs und erwirtschaften einen Gesamtumsatz von 10,8 Milliarden Euro. EPV zu werden ist für einen Unternehmer kostenlos. Und das Siegel kann sich lohnen. Der Staat begleitet die EPVs nach London oder New York, um Exportchancen auszuloten. Neben der Veranstaltung im New Yorker Bryant Park wurden Frankreichs Mittelständler auch im Londoner Luxuskaufhaus Harrod's vorgestellt.

Zum andern hilft es, Frankreichs Identität zu bewahren. Die *exception culturelle française*, die »kulturelle französische Ausnahme«, ist noch sakrosankter als die »nationalen Champions«, handelt es sich doch um Eigenarten französischer Kultur, die das Land von seinen Nachbarn unterscheiden. Auch im lukrativen Tourismussektor ist es wichtig, wenn ein Land eine eigene Identität vorweisen kann. Bald soll eine »Route des EPV« die Touristen zu interessanten Betrieben führen.

Neben den EPVs gibt es die PMEs. PME steht für *petites et moyennes entreprises.* Und oft stellen auch diese besonders schöne oder besonders ausgefallene Dinge her:

Der Michelangelo des Asterix

Stolz reckt der kleine Gallier die Knollennase in den Wind. Das Kurzschwert steckt fest an der linken Seite, den grünen »Flachmann« voller Zaubertrank presst er fest an den Mund. Sein dicker, pardon, stattlicher Kumpel trägt ein Wildschwein unter jedem Arm und zieht misstrauisch die dunklen Augenbrauen unter dem roten Haupthaar hoch. Sind da etwa Römer in der Nähe? So kennen wir Asterix und Obelix. Und so stehen sie hier, aus Harz geformt, stramm in militärischen Reihen, in einem Handwerksatelier in Neuchâtel, Nordfrankreich. Ihre Nachbarn: Blake und Mortimer, Lucky Luke, Spirou und Fantasio, Bécassine und die rote Kuh vom »La Vache qui rit«-Käse.

Rund fünfzig Männer und Frauen modellieren in Neuchâtel an den Helden aus unserer Kindheit, fertigen Statuen zwischen 12 Zentimetern und 1,2 Metern, von Hand bemalt, mal im Airbrush-Verfahren, mal mit feinem Pinsel, mal in einer Kombination aus mehreren Techniken. Wer das Atelier besucht, staunt über die Gestalten im weißen Kittel, die sich über Reihen vollends identischer Harz-Kühe beugen. Der ernste Gesichtsausdruck der Mitarbeiter, die grinsende Kuh, ganz passt das nicht zusammen. Doch das Rindvieh hat gut lachen: »Leblon Delienne ist eine Kultmarke unter Comicsammlern«, sagt Geschäftsführer Laurent Buob, ein dynamischer Dunkelhaariger. »Viele Sammler kaufen alles, was von uns kommt. Andere kaufen all das, was mit einer speziellen Comicfigur zusammenhängt. Stammt die Comicfigur aus Belgien oder Frankreich, kommen sie irgendwann zu uns.« Denn Leblon Delienne entwirft Schätze, keine Spielzeuge: 2990 Euro kostet Asterix mit dem Zaubertrank, 110 Zentimeter groß und 45 Kilo schwer. Ist die limitierte Auflage verkauft, wird die Form, aus der jede Comicfigur gegossen wird, in Kleinteile geschreddert.

Obelix ist mit 4990 Euro übrigens deutlich teurer. Aber er wiegt ja auch mehr, pardon, er ist deutlich stattlicher. Mehr als zwei Millionen Euro Umsatz generieren die Gallier und ihre Freunde heute. Regelmäßig kommen neue Figuren auf den Markt.

Dabei waren die Anfänge eher bescheiden: Gründerin Marie Leblon gestaltete seit 1979 Marionetten und Puppen. »Da waren viele Einzelstücken aus exotischen Materialien dabei«, sagt Buob. Trotz aller handwerklichen Qualitäten war der Markt der Kasperletheater, auf Französisch *Guignol* genannt, schon bald gesättigt. Mehr zufällig wagte sich Frau Leblon nach dem Ableben des belgischen Zeichners Hergé an eine Skulptur des rasenden Reporters Tintin. »Sie wollte, dass Hergé in ihren Puppen weiterlebt.« Tintin war damals noch eine Marionette, voll beweglich, mit Trenchcoat und Krawatte aus echtem Stoff. Ein Einzelstück, realisiert mit ihrem Mann Eric Delienne. Subunternehmer fertigten später die Kaschmirhosen von Kapitän Haddock. Nach Tintin, auf Deutsch erschienen unter »Tim und Struppi«, kam »Babar der Elefant«. Wieder ein Einzelstück – und als solches natürlich sündhaft teuer. Jenseits des Unternehmenssitzes Neufchâtel musste es also Menschen geben, die bereit waren, ein kleines Vermögen für eine Skulptur der Helden ihrer Kindheit auszugeben.

Madame Leblon hatte einen Nischenmarkt entdeckt. Para-BD heißt der heute auf Französisch. BD steht für *bande dessinée*, also Comic. Die Modelle aus dem Para-BD-Segment sind Sammlerobjekte und Ausstellungsstücke. Ein Markt, der nur in Frankreich richtig blühen und gedeihen kann, denn Comics gehören in »ganz Gallien« zum Kulturgut. Comics machen jenseits des Rheins 6,5 Prozent des gesamten Buchmarktes aus, gelten als »neunte Kunst« mit eigenen Festivals. Und: Comics erzielen Bestsellerauflagen: »Les aventures de *Blake* et *Mortimer*. Tome 23« verkaufte sich 430 000-mal. Mit 350 000 verkauften Alben war ihnen »Le Chat. Tome 19« dicht auf den Fersen.

Wer als Kind dermaßen in bunten Bildern gebadet hat, scheint deren Motive auch als Erwachsener zu verehren. Auf Sammlerforen im Internet planen die Franzosen ihr Jahresbudget an Leblon-Delienne-Figuren ein, sobald das neue Programm online ist.

»Zu unserem Know-how gehört es, Skulpturen zu entwerfen, deren Proportionen aus jedem Blickwinkel stimmen«, erklärt Buob nicht ohne Stolz in der Stimme. »Viele andere Hersteller sind daran gescheitert.«

Schließlich ist die Umsetzung der Comicfiguren in 3D gar nicht so einfach. Asterix, Obelix und »Der kleine Nick« sind zweidimensional groß geworden. Wer genau hinschaut, entdeckt schnell, dass die Perspektive auf den bunten Bildern nie ganz stimmt. Besonders die Stellung der Nase lässt sich nach den Regeln der Anatomie nur erraten. »Auf zweihundert Stunden und beträchtlich mehr«, schätzt der Geschäftsführer den Arbeitsaufwand für den Entwurf einer neuen Figur. »Drei Herren und drei Damen arbeiten über Wochen daran.« Jeder Prototyp wird schließlich von dem Comiczeichner oder seinen Erben abgenommen. Goscinny meinte beim Anblick des lebensgroßen Asterix noch verzückt: »Genau so hatte ich ihn mir vorgestellt.« Doch der Sammlermarkt bröckelt. Als Zugeständnisse an den Massenmarkt gibt es deshalb mittlerweile Artikel, die früher undenkbar waren: Teller- und Tassensets mit Motiven aus »Alice im Wunderland« zum Beispiel.

Das perfekte Achtel

Kundige Hände schrauben den Kühlergrill an die silbernschimmernde Karosserie. Mit der Hand drückt Tristan ein letztes Mal das Gaspedal durch, die Seilzüge funktionieren buchstäblich wie geschmiert. Der Auto Union Typ C von 1936 ist startbereit. Rund 100 000 Euro wird sein neuer Besitzer, ein Erbe des legendären Louis Vuitton, morgen für ihn auf den Tisch des Hauses legen. Ein Jahr Arbeit geht zu Ende: Gut 2500 Stunden lang haben Caroline und Tristan Fournier an dem Wagen gebaut: Die Originalpläne von Ferdinand Porsche waren verlorengegangen, im Audi Museum in Ingolstadt nahmen die beiden deshalb das Original bis zum Chassis auseinander, staunten über den 16-Zylinder-Motor, der seiner Zeit weit voraus war, maßen Schrauben, Nuten und Karosserieteile von Hand aus. Bevor der Wagen freilich wie zuletzt 1936 um den Nürburgring flitzen kann, bleiben zwei Probleme: Er ist mit etwa 50 Zentimeter Länge etwa ein Achtel des Originalformats groß und findet deshalb keinen passenden Fahrer. Und einen richtigen Motor hat er auch nicht. »Eine Sechs-Liter-Maschine wollen wir nicht durch einen Rasenmähermotor ersetzen«, sagt Tristan Fournier mit ernster Miene. »Bei einem echten, maßstabsgerechten Motor wäre das Metall nicht widerstandsfähig genug.« Man merkt ihm an, dass er gerade jetzt, bei diesem Satz, wieder darüber brütet, wie der maßstabsgerechte Motor irgendwann doch noch gelingen könnte.

Tristan Fournier und seine Frau Caroline sind Perfektionisten. Seit 1984 bauen sie in Handarbeit historische Automobile nach. Nicht irgendwelche, sondern »Gewinner«. »Unsere Sammler wollen nicht nur ein historisches Automobil, sie wollen es in genau derselben Ausstattung, wie es einmal ein bedeutendes Rennen gewonnen hat. Dazu gehört das richtige Leder für die Sitze, individuelle Modifikationen des Fahrers und natürlich die Originalfarbe.« Ein Nischenmarkt in einem Nischenmarkt.

Zwischen 20 000 und 100 000 Euro zahlen Sammler wie Hervé Ogliastro-Vuitton, Pierre Bardinon oder Alain Prost für die kleinen Gewinner. Aber auf das Geld kommt es den Fourniers nicht an. Sie sind »Überzeugungstäter«. Kennengelernt haben sich der Zahntechniker und die ehemalige Lehrerin vor mehr als zwei Jahrzehnten auf einer Rennstrecke. Caroline hatte Benzin im Blut und war PS-begeistert. Tristans Jugendidol hieß nicht Mick Jagger oder Ché Guevara, sondern Manuel Olivé Sens. Der baute Modellautos in Spanien. »Wir hatten beide ganz normale bürgerliche Existenzen. Einmal verliebt, haben wir unsere Berufe verblüffend schnell aufgegeben«, erzählt Caroline. Und Tristan ergänzt lachend: »Wer eine Krone herstellen kann, kann auch einen Kotflügel formen!«

Seitdem arbeitet das Paar gemeinsam als Zeichner, Designer, Schweißer, Schlosser, Fräser, Monteur und Reifenhersteller. Ihre Werkstatt: ein kleines, braunes Bürgerhaus mit weißen Fensterläden unweit von Clermont-Ferrand in der französischen Auvergne. Ausgerechnet den Speisesaal haben die beiden in ein kreatives Chaos mit Fotos, Postern, rotem

1970er-Jahre-Schreibtisch, Uhrmacherwerkzeugen, Schraubstöcken und Schmelzofen verwandelt. Hier entstanden ein Bugatti Brescia, T.19 Indianapolis, T.22, T.18 Roland Garros, T.37 einen RR Légalimit 1906. »Relativ schnell wurden die Ferraristi auf uns aufmerksam, wollten einen 308 GTB und einen Daytona.« Originalgetreu von den Silentbloc-Gummigelenken bis zu den Sitzen aus Lammleder. Tristans und Carolines Plus: »Viele Modellbauer beschränken sich auf Maßstäbe wie 1/20 oder 1/43. Details, auf die es unseren Sammlern ankommt, gehen da unter.«

Der erste Daytona wird im noblen Hotel Byblos in Courchevel ausgestellt und findet schnell einen Interessenten: Rennfahrer Alain Prost. Tristan und Caroline arbeiteten da längst schon an einem Ferrari F40. Das Projekt präsentiert sich schwieriger als gedacht. Eine F40-Karosserie besteht eben nicht aus Metall, sondern aus Karbon-Kevlar. Prost rät den beiden: »Eure Modelle sind realitätsnah. Baut ihn auf wie das Original.« Und so finden sich Tristan und Caroline eines Morgens bei einer Fabrik für Flugzeugteile ein, lernen dort, mit Karbon und Kevlar umzugehen, modellieren 17 Formen für die Karosserieteile. Zwei echte F40, Besitz eines lokalen Ferrari-Händlers, dienen als Vorbild. Selbst die MMX-Reifen von Michelin werden maßstabsgerecht nachgebildet. Die sonst so geheimnistuerischen Reifenfabrikanten stellen die Originalpläne zur Verfügung. »Unser Glück war es, dass sich eigentlich jeder für unsere Arbeit interessiert. Jedes Unternehmen hat uns mit viel Geduld geholfen.« Tristan fräst eine Form aus Kupfer. Sechs Wochen dauert es, bevor der erste Pneu im Atelier Fournier vom Band läuft. Aufgeblasen wird er mit einer Vakuumpumpe – ganz wie das Original kann er also einen »Platten« haben. Auch sonst verfügt der kleine F40 über fast alle Merkmale des großen. Sogar die Scheinwerfer können vom winzigen Armaturenbrett aus aufgeklappt werden. Der Ferrari-Händler stellt die unvermeidliche Frage, ob denn auch der Motor läuft. An dieser Frage beißt sich der Zahntechniker bis heute die Zähne aus.

Lindberghs Fliegerjacke

Der Hase rennt. Auf Jean-François Bardinons Pulloverärmel spurtet das Langohr über eine französische Flagge. Wer bei Chapal klingelt, den begrüßt der Firmenchef schon mal höchstpersönlich. Dann schnellt der Arm mit dem Hasen zum Bonjour nach vorn. »Wir sind wahrscheinlich eine der kleinsten Luxusmarken«, meint der Chef lachend. Kunden, die den Weg zu ihm finden, sind meist keine Unbekannten: Kein Firmenschild schmückt die Rue de Rivoli 144 in Paris. Keine Verkäuferin wartet hier auf Kundschaft. Keine Werbung weist auf die Marke hin. Wer den Aufgang links, hoch zum zweiten Stock wählt, der wird erwartet und weiß, was er will. Lederne Kappen für

Cabriofahrer, wie aus der guten, alten Zeit, handgemachte Pullover, Fliegerblousons, robust und praktisch oder Mäntel aus Hasenfell.

Die ledernen Kappen hängen gegenüber dem Zeichentisch für neue Entwürfe. Fliegerblousons und Mäntel sind zwischen zwei Wänden sorgfältig auf hölzerne Kleiderbügel gehängt und werden nur auf Anfrage herausgeholt. »Die junge Brigitte Bardot trug stolz so ein Chapal-Hasenmäntelchen«, erzählt Bardinon, »Pelz auf den Schultern, doch Sandalen an den Füßen. Kein Wunder, denn damals waren unsere Produkte der Pelz des kleinen Mannes. Durch gute Auswahl der Felle schufen meine Eltern feinere Waren als manchen Chinchilla.« Bardinon ist ein schmaler, kleiner Herr mit vollem grauem Haar. »Der Hase hat unser Familienunternehmen groß gemacht,« sagt er und seine Augen lächeln über den dunklen Brillenrand. »Denn aus Hasenfellen machten meine Großeltern Filz.«

Sechs Generationen vor ihm hatten seine Ururgroßeltern in Lyon gelernt, wie die dortigen Seidenweber ihre Stoffe färbten. Bardinons Vorfahren, die Familie Chapal, färbten mit derselben Methode Filz ein. Doch wer Hasenfell will, muss Hasenhaut erwerben. Die Chapals wurden Gerber, eröffneten 1881 in der Flushing Avenue 387–401 in Brooklyn eine Fabrik. Im französischen Montreuil-sous-Bois und in den USA lief die Fertigung auf Hochtouren.

»Es war eine gute Zeit für Filz und Leder«, erzählt Bardinon mit sanfter Stimme. »Schließlich trugen die Menschen damals noch Hüte.« Die Chapal-Werke lieferten im Ersten Weltkrieg Blousons für französische Kampfflieger. Der legendäre Fliegerblouson A1, den Charles Lindbergh während seiner Atlantiküberquerung trug, auch er wurde aus Chapal-Leder genäht. Und die amerikanischen Bombardier-B3-Fliegerjacken stammten aus den Werken in Brooklyn. In den 1950er Jahren florierte das Geschäft. Die besten Tierhäute wurden zu Pelzen, Lederjacken, Cabriokappen verarbeitet. Mindere Qualitäten fanden andere Anwendungsgebiete: »Rank Xerox nutzte unsere Kaninchenhäute als Stempel, und Malermeister strichen die Wände mit Rollen aus Chapal-Lammfellen.« Für Chapal arbeiteten 3000 Menschen auf 170 000 m² Firmengelände.

»Mein Vater wandte sich nicht mehr an Kampfflieger, sondern an die Helden seiner Zeit: Ski- und Rennfahrer«, erläutert Bardinon. Das legendäre Ski-Team von Jean-Claude Killy trug seine Blousons ebenso wie Jean-Pierre Beltoise und Henri Pescaro. »Als Vorbild für die Jacken der Rennfahrer dienten uns die Fliegerblousons«, sagt Bardinon. »Die waren gegen Wind und Wetter imprägniert. Wir haben den Prozess damals nur umgetauft und Chapalac genannt.« Ab 1972 lässt sich auch Christian Dior von Chapal mit Fellen und Lacken beliefern.

»Unser Unternehmen war nur noch Lieferant. Und Lieferanten können schnell ausgetauscht werden. Auch wenn unsere Zusammenarbeit mit Dior gut zwanzig Jahre dauerte.« Doch inzwischen hatten die Menschen aufgehört, Hüte zu tragen. Synthetikfasern ersetzten die Kaninchenhaare. Gestempelt wurde in Gummi.

Als Jean-François Bardinon 1982 das Haus Chapal übernahm, trat er ein schwieriges Erbe an. »In Frankreich eine große Gerberei zu betreiben, das war einfach nicht mehr rentabel. Ich wollte eine Nische im Prêt-à-porter-Markt suchen.« Bardinon entschied sich für eine Zurück-in-die-Zukunft-Strategie. »Die alten Klassiker wie die Fliegerjacken und den Hasenmantel wollte ich neu auflegen. Außerdem war ich mit Sportwagen aufgewachsen. Es lag nahe, den Markt der Sportwagenfahrer und Classic-Car-Inhaber zu bedienen.« Das ist fast schon ein wenig untertrieben: Jean Bardinon, der Vater des Chapal-Geschäftsführers, war eine der führenden Ferrari-Sammler Frankreichs. Den ersten Flitzer aus Maranello kaufte er 1965. Einen 265 LM, baugleich mit dem Modell, das gerade das 24-Stunden-Rennen von Le Mans gewonnen hatte. »Die Le-Mans-Gewinner von Ferrari waren die Obsession meines Vaters. Jeder Sieger wurde für die heimische Kollektion gekauft.«

Und tatsächlich: Auch die Ferrarifaher von heute wollten Cabriokappen aus Leder mit Visier und Fahrerhandschuhe. In der Classic-Car-Szene ist Bardinon selbst sein bester Werbeträger: Regelmäßig fährt er mit Vaters Wagen die Mille Miglia oder die 24 historischen Stunden von Le Mans. Einmal, vor etwa fünf Jahren, haben wir den gesamten Innenraum eines Jaguar XKR in orangenes Leder gehüllt.« Auf dem einstigen Firmengelände in Frankreich siedelte Bardinon eine Künstlerkolonie an. Gelegentlich zeigen sich die Kreativen für ihr Wohnrecht erkenntlich: »Den Kunden bieten wir an, ihre Lederjacken von »unseren« Künstlern dekorieren zu lassen.« Nur »Chapal USA« in Brooklyn gibt es nicht mehr. »In den 1980er Jahren wollte ich einmal einen Blick auf unsere alte Fabrik werfen. Aber kein Taxifahrer wollte mich dorthin befördern. Und man riet mir eindringlich davon ab, zu Fuß zu gehen.«

Statt 3000 Mitarbeiter hat Chapal jetzt zehn, die in einem Handwerksatelier bei Limoges das Leder nähen. »Viele klassische Marken haben einen hohen Bekanntheitsgrad«, sagt Bardinon. »Aber viele Kunden bleiben nur aus Nostalgie. ›So gut wie früher ist die Qualität nicht mehr‹, heißt es dann. Ich möchte nicht, dass über Chapal so geredet wird. Wir fertigen das, was wir seit Generationen beherrschen: Wir wählen gute Leder und gute Felle und verarbeiten sie, wie wir es gelernt haben.«

Kröte am Arm

Wie fühlt sich eigentlich die Haut des Gürteltieres an? Und wie Froschhäute, Truthahn- und Hühnerfüße, Aal, Biberschwänze oder Rinderpansen? Und: Macht die Hülle des billigen Nilbarsches nicht viel mehr her? Oder sollte es nicht lieber eine zünftige Krötenhaut sein? Nein, das ist keine Frage für zukünftige Harry Potters in der Zauberschule Hogwarts. Wer bei Yann Perrin ein Armband für seine Uhr bestellt, wird sich mit dieser Thematik auseinandersetzen müssen. Warum? Die Antwort ist denkbar einfach: Alles Genannte schmeichelt der Haut beim ersten Griff, sieht aber denkbar unterschiedlich aus.

Genau dies ist die Basis von Yann Perrins Geschäftsmodell im Atelier du Bracelet Parisien, der »Werkstatt des Pariser Armbandes«, die von Uhrenfreunden auch kurz ABP genannt wird. »Wer einen individuell gestalteten Lederartikel sucht, der ist bei uns richtig«, erklärt Perrin, ein schmaler Mann mit kurzem Haar, »denn bei uns kann er nicht nur das Material frei bestimmen, sondern auch die Farbe und die Maserung.« Bei den Materialien muss es nicht immer Biberschwanz und Kröte sein, klassische Varianten wie Schlange werden im Handwerksatelier im Pariser Zentrum ebenfalls verarbeitet. Wer sich allein aufs Gefühl verlässt, wird freilich feststellen, dass auch die Haut des Störs oder des Tilapia-Fisches wahre Handschmeichler sind, ebenso wie der Känguruschwanz oder die Hüllen diverser See-schlangen.

Dann folgt die Wahl der Farbe: Dutzende verschiedene Töne lagern in Holz- und Plastikkisten. Die vertrauten Grundfarben sind ebenso darunter wie Metalliceffekte oder stumpfes Mattschwarz. »In speziellen Lackierereien läuft das im Moment sehr gut bei Automobilen.« Alligator kommt sogar im Farbton »green-black rubberized«, alles in allem warten zweihundert Töne auf Kunden. »Dazu kommen natürlich noch die Farben für die Nähte.« Hat der Kunde sich dann für ein Material und eine Farbe entschieden, wird direkt vor Ort nach Kundenwünschen geschnitten. Perrin spannt dafür ein großes Stück Leder auf einen Block, der Kunde darf seinen Ausschnitt wählen – und gern auch selbst schneiden. »Es gibt Kunden, die reisen tatsächlich zum Schneiden an«, sagt der Armbandmacher. »Manche kommen um den halben Globus und lassen sich dann dabei fotografieren.«

Eigentlich, sollte man meinen, kämen Uhren in der Preisklasse zwischen 2000 und 200 000 Euro doch mit allem erdenklichen Luxus zum Kunden, zu dem natürlich auch ein repräsentatives Armband gehört. Doch Perrin widerspricht ganz zaghaft: »Auch große Marken bieten nur eine begrenzte Auswahl. Die wenigen verbliebenen Handwerkerateliers für Armbandfertigung sind so gut wie ausgebucht und oft an einen Hersteller gebunden.« Ein weiterer Grund für den

Mangel an Auswahl sei Artenschutz. Viele Kunden würden bei einer Luxusuhr weiterhin Krokodilleder erwarten. Letzteres stammt heute zum allergrößten Teil aus spezialisierten Farmen. Der Handel mit Krokodilhäuten wird jedoch durch die Cites (*Convention on International Trade in Endangered Species of the Wild Fauna and Flora*) eingeschränkt – nicht anders ist es beim Kaviar und anderen Störprodukten wie dem Störleder. Kontrollen sind nicht selten, das Rohmaterial reist mit Begleitpapieren, die den legalen Ursprung bis zum Züchter nachweisen. All das kreiert einen bürokratischen Aufwand, den auch namhafte Uhrenhersteller ungern erhöhen würden. »Kunden, die danach verlangen, erhalten auch bei uns Krokodil- oder Elefantenleder«, erklärt Perrin, »und wir achten stark auf die Nachweise, die den Ursprung der Tierhaut bescheinigen.«

Perrin nimmt den »Großen« also den Papierkram ab und ergänzt das herkömmliche Sortiment durch eigene Trouvaillen. Reicht das schon, um heutzutage noch ein traditionelles Handwerksatelier zu betreiben?

Zwei Uhrenfreunde haben den Ausführungen des Handwerkers gelauscht und ergänzen: »Perrins Armbänder halten einfach länger. Nicht nur ein Jahr!«, sagt der eine. Der andere, ein hochgewachsener, schlanker Hauptstädter mit grauem Haar, erklärt: »Auch der Uhrenmarkt ist schneller geworden.

Früher gab es fast alle Modelle jahrzehntelang, heute gibt es Sonderkollektionen und ein regelmäßig wechselndes Sortiment. Für meine Lieblingsuhr existiert beim Hersteller kein Armband mehr. Das finde ich nur hier.«

Yann Perrin antwortet darauf nicht, er sieht die großen Marken als Partner, nicht als Rivalen. Seine Eltern Regine und Jean-Claude hatten lange Jahre exklusiv einem Schweizer Uhrenkonzern zugeliefert, bevor sie 1997 das Atelier du Bracelet Parisien gründeten. »Meine Familie ist seit 45 Jahren im Geschäft mit den Armbändern. Wenn ich dieses Geschäft in seiner ursprünglichen Form als traditionelles Handwerksunternehmen fortführen kann, dann, weil ich vom Trend zur Individualisierung profitiere.« Auch teuerste Luxusgüter entstammen heute industrieller Herstellung. Früher waren gute Adressen den Kennern vorbehalten. Es gab Maßanfertigungen, die sich bei Uhren naturgemäß oft auf die Gehäuse begrenzten. Heute ist ein Markenartikel für eine bestimmte Summe rund um den Globus verfügbar. »Doch Menschen wollen sich von anderen Menschen absetzen, wollen ihre Individualität demonstrieren. So banal es klingt: Ein Armband ist dazu eine gute Möglichkeit. Es ist zeitweise sichtbar, schreit aber nicht jedem Betrachter entgegen, wie wichtig oder vermögend sein Träger ist.« Briten würden dies wohl Understatement nennen.

Damit Perrins Kunden ihr ureigenstes Armband bekommen, arbeiten direkt hinter dem Laden gut 15 Menschen durchgängig an der Fertigung der Armbänder, vom Schnitt bis zur Naht. Jede Maschine ist doppelt vorhanden. »Fällt eine aus, dann machen wir mit der nächsten weiter«, erklärt Perrin. Verspätungen durch Pannen kann er sich nicht leisten, denn er bietet den Kunden seiner Armbänder nach Maß je nach Eile gestaffelte Preise an. Das Armband an und für sich kostet etwa zweihundert Euro. Will der Kunde es jedoch innerhalb von neunzig Minuten in Besitz nehmen, schlägt die Hetze mit weiteren hundert Euro Kosten aufs Portemonnaie. Ein garantiert innerhalb von 72 Stunden gefertigtes Armband kostet dreißig Euro mehr.

Nicht umsonst steckt im französischen Wort für Handwerk, *artisanat*, auch das Wort für Kunst, also *art*. Heute findet man jedoch vor allem international agierende Modelabels, Schnellrestaurants oder sogenannte Coffeeshops, bei denen ein Pappbecher Kaffee nicht selten so viel kostet wie vier Tageszeitungen, in den Bouleveards aus der Zeit von Baron Haussmann im ersten Arrondissement.

Perrin ist stolz darauf, diesem Trend zum einheitlichen modernen Stadtbild erfolgreich widerstanden zu haben. »Handgemachte Lederwaren gibt es in Paris nur auf meinen 120 Quadratmetern.« Die anderen Firmen sind abgewandert, unterhalten in Paris ein symbolisches Atelier oder lassen gar in Asien fertigen. Als Experte nimmt er das gelassen: »Mit den richtigen Lieferanten findet man in Asien hervorragende Warenqualität.« Imitiert wird dort nur für preisbewusste Westler. Mir ist bisher kein Chinese begegnet, der eine gefälschte Uhr tragen würde. Für seine Landsleute wäre er damit nämlich auch eine Person mit ›falschem‹ Charakter.«

Doch ein wenig Innovation findet jeder Kunde auch bei Yann Perrin: »Mittlerweile bieten wir auch Handtaschen nach Maßanfertigung an. Und haben iPhone- und iPad-Hüllen im Sortiment.« Auch Besitzer anderer Smartphones sind willkommen. »Denen überziehen wir oft die Rückseiten ihrer Telefone mit Leder.« Auf Wunsch kommt da wieder die Kröte zum Einsatz. Oder der Biberschwanz.

Ruhige Kugel

Es rollt nicht mehr wie früher: Der Markt für Billardtische schrumpft. Langsam, aber stetig. Alte Billardhallen schließen, doch es eröffnen kaum neue. In Privatwohnungen fehlt der Platz. Und überhaupt: »Billard ist nach heutigen Verhältnissen ein langsames Spiel«, sagt Matthieu Da Costa Noble, Jahrgang 1972, der Geschäftsführer des Herstellers Chevillotte. »Man muss das Spiel ja erst erlernen.« Das kann Jahre dauern – eine Zeit, die immer weniger Kunden investieren wollen. Der Billardmarkt verhält sich wie eine

Kugel, der es an Schwung fehlt und die gemächlich ausläuft.

So rollte auch die Manufaktur Chevillotte, die noch Ende der 1970er Jahre Marktführer in Frankreich war und über die modernsten Produktionsanlagen in ganz Europa verfügte, in die Krise. Der Umsatz hatte sich halbiert. Nicht über Nacht, nicht in einem Krisenjahr, sondern über einen Zeitraum von dreißig Jahren.

Ausgerechnet Chevillotte, eine Ikone der Branche: Als Eugène Chevillotte 1860 seinen Kleinstbetrieb gründete, zog er mit dem Pferdewagen von Café zu Café. Ursprünglich verkaufte er allerlei Artikel, die man etwas altertümlich als »Trinkhallenbedarf« bezeichnen konnte. Doch auf seinen Touren stellte er fest, dass immer mehr »Cafetiers«, so heißen die Inhaber eines Cafés, ihren Kunden nicht nur Getränke, sondern auch Unterhaltung bieten wollten. Billardtische, Kugeln und Queues waren gefragt. Natürlich hätten Eugène und sein Sohn Remi zumindest die Kugeln und die Queues leicht liefern können. Doch statt Lieferanten zu bleiben, wurden sie zu Herstellern des Boomspiels. Mit dieser simplen Entscheidung begann ein Siegeszug, der fast 120 Jahre dauern sollte: Im Jahr 1900 kaufte Chevillotte alteingesessene, etablierte Konkurrenten wie Marion, Fouquau-Lacan oder Rabani. Unter Enkel Guy wurde das Unternehmen zur nationalen Größe: Sein Modell »Europa«

setzte sich als Spieltisch für internationale Turniere durch. Unter Claude und Monique Chevillotte, den Urenkeln von Eugène, setzt das Unternehmen den Expansionskurs fort. Der Rivale Prestable wird eingegliedert, Claude organisiert große Billardturniere, im Jahr 1978 eröffnen die Geschwister eine moderne Fabrik bei Orléans.

Da stand der Abstieg schon kurz bevor – wissen oder ahnen konnte das freilich niemand. Familie Chevillotte haushaltete solide, expandierte, erschloss beständig neue Märkte, erfreute sich unter Billardspielern großer Beliebtheit. Doch als Ururenkel Christophe das Geschäft übernahm, war er mit einem veränderten Markt konfrontiert. Nicht weil seine Familie Fehler gemacht hätte, sondern weil die Welt sich langsam veränderte.

Es lag nicht allein daran, dass man Billardspielen lernen muss. Billardtische brauchen Platz, und Platz kostet in Großstädten Geld. Billardhallen etwa waren wegen der Immobilienpreise kaum mehr rentabel zu betreiben. Auch der früher kultige Billardtisch in Kneipen und Cafés brachte, gemessen am Platzbedarf, schlicht und einfach zu wenig Geld in die Kasse.

Das Unternehmen einfach wie die Eltern weiterzuführen war unmöglich geworden. Christophe Chevillotte verkaufte 2008 an die Familie Da Costa Noble, die es über den eigenen Investmentfonds Horus Finances führt.

Was Familie Da Costa Noble am Billardmarkt interessierte? »Unsere Familie verfügte bereits über mehrere Unternehmen in einem Nischensektor«, erläutert Matthieu, »wir kümmern uns unter anderem um Kunstlogistik. Die Da Costa Nobles gelten als extrem diskrete Unternehmerfamilie, die nicht in eigener Sache kommuniziert. Einige Fakten sind dennoch bekannt: Großvater Henri war »Fabrikbesitzer«, Vater Christian, geboren 1945, arbeitete in den 1970er Jahren für das Finanzministerium, beriet den Staatssekretär für Jugend und Sport und stieg bei der Thomson-Gruppe vom kaufmännischen Geschäftsführer der Telefonsparte zum Vorstand auf. Den Familienfonds Horus leitet er seit 1990, parallel dazu bekleidete er verschiedene Posten als Direktor der Logistiksparte von Geodis und als Vorstand von Calberon-Logistik.

In der Logistik liegt auch die Kernkompetenz der Firmen, die von Horus verwaltet werden. Eine von mehreren ist etwa André Chenue, ein Transportunternehmen, das seit 1760 besteht und schon das Mobiliar von Marie Antoinette von Schloss zu Schloss chauffierte. Französische Jagd- und Freizeitschlösser waren schließlich den größten Teil des Jahres unbewohnt. Vor dem König erschien der Transporteur, um die Säle auszustatten.

Eine andere Firma – Globart – kümmert sich um die Organisation von Kunstausstellungen. Zum Aufstieg des Unternehmens hatte Kultusminister André Malraux in den 1960er Jahren beigetragen. Der nämlich hatte dekretiert, Kunst solle für alle zugänglich sein. Seitdem reisen die riesigen Reserven der französischen Museen um die Welt, müssen also verpackt, versichert, transportiert, entpackt und in Szene gesetzt werden.

Was reizt einen Logistikspezialisten am Billardmarkt? »Familie Da Costa Noble verfügt über Erfahrung mit Sammlern und schönen Dingen«, erklärt Firmensprecherin Valérie Gilioli. »Zu diesen bestehenden Kunden wollten wir mit Chevillotte vordringen. Unser Wunsch war es auch, den hoch spezialisierten Markt der Kunstlogistik ein wenig zu verlassen und das Unternehmen breiter aufzustellen. Chevillotte sollte zum Grundstock des neuen Firmenpools ›Kunsthandwerk und Exzellenz‹ werden.«

Billardtische der Mittelklasse werden nicht mehr hergestellt. Stattdessen will Chevillotte nun nach ganz oben – eine Strategie, die schon Christophe Chevillotte eingeschlagen hatte und die, dank der Kontakte von Familie Da Costa Noble, erfolgreich werden konnte.

Im Grunde handelt es sich bei der neuen Strategie also nicht um eine vollständige Neuausrichtung, sondern um bewährtes Cross-Selling. Bestehende Kunden werden systematisch gefragt, ob sie nicht vielleicht ein weiteres Produkt benötigen, das zu ihnen passen könnte.

Neben dem Verkauf der Tische generiert eine Rundumbetreuung von Billiardenthusiasten regelmäßige Einnahmen. Billardtische brauchen Wartung, müssen je nach Intensität ihrer Nutzung etwa alle sechs Jahre neu bespannt werden.

Zu Christophe Chevillottes Meisterstücken zählte zum Beispiel die Restaurierung des Billardtisches von König Ludwig XVI. in Zusammenarbeit mit den Experten des Château von Versailles. Nicht weniger als 956 vergoldete Nägel halten einen grünen Filz, der in Wahrheit aus feinster Wolle besteht. Nach der Auslieferung nutzte er diese Gelegenheit, um seinen Kunden 50 exklusive Repliken des 2,86 Meter langen und 1,59 Meter breiten »Königsbillards« anzubieten.

Selbst Umzüge werden angeboten. Ein Billardtisch wiegt 300 Kilo bis eine Tonne, etwa so viel wie der leichteste Lamborghini. Wichtig ist, ihn fachgerecht zu demontieren und wieder aufzubauen. Und weil solch ein Ungetüm nicht in jede Wohnung passt, spricht das Unternehmen auch gezielt Architekten an. Vielleicht kann sich ja einer von deren Kunden für einen Billardraum begeistern, wenn ihm der Vorschlag unterbreitet wird. Auf Anfrage konzipiert das Unternehmen sogar ganze Entertainment Rooms – ein kleines, klassisches »Spielzentrum« mit Billard, Pokertisch, Jukebox und Flipper oder nobler Casino-Ausstattung.

Gut fünfhundert Billardtische zum Durchschnittspreis von 10 000 Euro pro Stück verkauft das Haus heute pro Jahr. Einige davon sind teure Maßanfertigungen, andere bleiben gut bezahlte »Machbarkeitsstudien«. So gab ein vermögender Kunde den Auftrag, herauszufinden, ob sich ein Billardtisch auf einer Yacht installieren ließ. Der sollte natürlich auch bei Seegang einsatzbereit sein. Chevillotte fand die Lösung für das Problem in Zusammenarbeit mit einem australischen Unternehmen, das Mobiliar für Bohrinseln herstellt. Auf einen Tisch hat der Kunde dann verzichtet. Er wollte einfach nur wissen, ob er gebaut werden könnte.

Augenöffner

Wonach griffen Yves Saint Laurent, Aristoteles Onassis und Georges Simenon, Le Corbusier, Sacha Guitry, Jackie Kennedy jeden Morgen als Erstes? Und was setzten sie jeden Abend als Letztes ab? Wahrscheinlich ihre Bonnet-Brille. Überparteilich vereinte das Maison Bonnet Valery Giscard d'Estaing, François Mitterrand und Jacques Chirac. Nur Audrey Hepburn ließ eine ihrer Brillen zurückgehen, weil ihr die Farbe nicht gefiel.

Wer kurzsichtig genug ist, der weiß: Ohne Brille geht es nicht. Er weiß auch, dass jeder, der ihm in Arbeit und Freizeit in die Augen schaut, natürlich auch die Brille sieht. Und er hat im Laufe seines Lebens erfahren, wie leicht es ist, bei der Auswahl des »Nasenfahrrads« Fehler zu machen. Runde Gläser vor einem ebenfalls runden Gesicht zum Beispiel verhelfen zu einem permanent fragenden Gesichtsausdruck. Dicke Balken hingegen können abweisend wirken. Protzige Logos können in manchen Situationen unangebracht aussehen. Kurz: Wer eine Brille braucht, der weiß, dass sie für die kommenden Jahre sein wichtigstes Accessoire sein wird. Das war bei Yves Saint Laurent, Aristoteles Onassis und Georges Simenon nicht anders als bei jedem anderen.

Nur in einem Punkt hatten es die Genannten leichter als der Normalsterbliche. Sie verfügten über Zeit und das Geld, sich Brillen von Hand nach Maß fertigen zu lassen. Gestelle, die quer durch die Jahrzehnte dann zu ihnen gehörten. Der Laden versteckt sich heute in einer winzigen historischen Ladenpassage hinter dem Palais Royal in Paris. Dort also, wo Richelieu residierte und Redner später zur Revolution aufriefen – ein verarmtes Mitglied des Königshauses hatte sie ans Volk vermietet, das dort munter Bordelle, Kneipen und Spielhöllen eröffnete, weil die Polizei zur royalen Domaine keinen Zugang hatte.

Natürlich trägt die Boutique schon von außen den Hauch des Exklusiven. Ein Gestell pro Schaufenster wird präsentiert. Fast wie eine Skulptur. Preisschilder gibt es nicht. Zu Bonnet verirrt man sich nicht, Bonnet kennt man, und nicht nur wegen der prominenten Brillenträger. Kunden wissen, dass es hier noch Maßarbeit gibt, eine Rarität im Optikerhandwerk. »Das Gesicht des Kunden wird vermessen, es folgen alle handwerklichen Schritte vom Sägen des Materials bis zum Formen und Polieren«, sagt Franck Bonnet, Optiker in vierter Generation. Das Material ist meistens echtes Schildpatt.

Die Handarbeit geht auf Großvater Robert zurück, der 1950 sein Atelier für Maßbrillen eröffnete. Seine Arbeit zog die prominente Kundschaft nach Paris. Onassis bestellte gleich vierzig Brillen, stets dasselbe Modell, jedoch in allen Schildpatttönen. Für Yves Saint Laurent gestaltete er die Brille, die so gut wie jedes seiner Fotos zierte. Robert arbeitete nur mit Schildpatt und erkannte frühzeitig seinen Wert. »Es sieht nicht nur gut aus, eine solche Brille wiegt gerade mal 16 Gramm«, heißt es bei Bonnet. »Und wenn sie nicht vollends zerstört ist, kann man sie sogar reparieren. Das Material lässt sich erhitzen und formen.« Robert Bonnet hortete sein Arbeitsmaterial förmlich. Ein Glücksfall für seine Nachkommen, denn heute ist die Karettschildkröte durch Artenschutzabkommen geschützt, der Handel mit Patt stark eingeschränkt. Es heißt, Bonnet hätte seit Mitte der 1970er Jahre nichts mehr importiert.

Sohn Christian führt das Unternehmen genau so fort, wie er es bei seinem Vater gelernt hatte. Doch Enkel Franck drängt auf Modernisierung. »Du bist der letzte Handwerker«, erklärte er seinem Vater »Wenn wir andere Materialien ins Sortiment aufnehmen, kann auch ich von diesem Beruf leben.« Jetzt gibt es bei Bonnet die bekannten Modelle auch aus Plastik oder Büffelhorn, und auch sonst hat sich einiges geändert. Robert und Christian machten Hausbesuche beim Kunden, um sein Gesicht zu vermessen. Inzwischen können Kunden auch auf der Website des Hauses die Modelle betrachten, die Brillen sind nach den Namen der prominenten Träger geordnet. Doch will jemand wirklich eine Onassis-Brille aus Plastik?

Franck Bonnet verweist darauf, dass Handwerk der wahre Luxus sei und dass man das Savoir-faire des Hauses demokratisieren sollte.

Unter seiner Leitung fährt Bonnet einen Sowohl-als-auch-Kurs. Die alte Handwerkskunst existiert weiterhin. Kunden bekommen hier eine perfekt angepasste Schildpattbrille ohne jedes aufdringliche Markenlogo zu Preisen zwischen 12 000 und 30 000 Euro, auf die sie ohne Murren vier Monate warten. Connaisseure würden sie erkennen, die meisten Menschen könnten sie übersehen. Sie entsprechen dem britischen Konzept des Understatements, sie sind Luxus, der einen nicht anschreit.

Andererseits gibt es auch von Hand angepasste Plastikmodelle.

Kann die Politik, höchsten Luxus zu pflegen und gleichzeitig den Massenmarkt zu bedienen, wirklich aufgehen? Als nächster Schritt zur »Demokratisierung« schwebt ihm eine »Halbmaßfabrikation« vor. »Die Modelle existieren ja schon in unterschiedlichen Größen und Farben.« Nur: Modelle in unterschiedlichen Größen und Farben, auch aus Büffelhorn und Plastik, gibt es bei jedem Optiker. Und wie unterscheidet sich eine »Halbmaßfertigung« vom branchenüblichen Anpassen eines Gestells? Und wie wird die vermögende Stammkundschaft reagieren, wenn sich auf den Straßen Menschen mit günstigeren Ausführungen ihrer exklusiven Brille tummeln? Um dies zu wissen, braucht man keine Brille, sondern eine Kristallkugel.

Die haut Sie vom Stuhl

Als Tolix auf dem Sterbebett lag, war er der Welt egal. Sicher, man hatte ihn liebgewonnen, damals, als er in der Zeit zwischen den Weltkriegen die Pariser Caféterrassen bevölkerte oder die Passagiere auf dem Dampfer »Normandie« begleitete. Doch nach fast 80 Lebensjahren schien seine Stunde gekommen. Alles, was lebt, vergeht … Nur hat Tolix streng genommen nie ein eigenes Leben geführt, es ist ein Markenname für verzinkte Stühle und Metallmöbel. Xavier Pauchard (1880–1948), ein Pionier der Galvanisierung, hatte ihn 1927 als Marke eintragen lassen. Der Mann aus Autun im Burgund wusste genau, was ein gutes Möbelstück ausmachte. Unverwüstlich musste es sein, wetterfest und rostfrei außerdem. Es sollte Platzsparend zu stapeln sein und ein Leben lang halten. Zu Pauchards Lebzeiten war das eine Marktlücke. Denn wer ist auf lange Haltbarkeit angewiesen? Krankenhäuser zum Beispiel, öffentliche Gärten und Einrichtungen und letztendlich auch große und kleine Unternehmen. Als Sohn Jean das Unternehmen Ende der 1950er Jahre übernahm, schweißten rund achtzig Mitarbeiter pro Jahr etwa 60 000 Tolix-Stühle. Mit der Zeit wurde der Tolix A zu einem Stück Industriearchitektur und fand seinen Platz im Pariser Centre Pompidou und im New Yorker MoMA. Und während immer mehr Menschen ihn im Museum bewunderten, wollten immer weniger ein Exemplar erwerben. Es war, als hätte man einem ehrwürdigen Mitarbeiter zum Abschied noch eine goldene Uhr in die Hand gedrückt, um ihn dann ins Altersheim abzuschieben. Auch die Unternehmerfamilie Pauchard hätte misstrauisch werden können. Wenn die eigenen Produkte im Museum gefragter sind als im Katalog, wird es Zeit, einzugreifen. Doch die Schöpfer des Tolix vertrauten auf ihr bewährtes Know-how. Konnte man ausgerechnet im traditionsbewussten Frankreich auf einen klassischen Caféstuhl verzichten? Man konnte. Der Konkursantrag folgte 2004, genauer gesagt die *liquidation judiciaire*, die gerichtliche Abwicklung.

Drei Übernahmeinteressenten finden sich vor Gericht ein, den Zuschlag bekommt Chantal Andriot. Sie ist eine Frau, die an den Standort Autun und den Tolix glaubt. Von 1973 bis 2004 arbeitet sie in der Buchhaltung des Unternehmens. Eine Unternehmerin ist sie nicht, noch nicht, aber niemand kann ihr vorhalten, dass sie die Zahlen nicht kennt oder nicht rechnen kann.

»Ich war mir nicht sicher, ob mein Plan aufgeht. Ich konnte nur hoffen«, erzählt sie. »Außerdem war ich 50 Jahre alt und wollte jetzt nicht mehr aus Autun wegziehen.«

Das klingt, offen gesagt, eher bescheiden als visionär. Doch Andriot kämpft: »Keine Bank wollte mir Geld leihen.« Also setzt sie die Ersparnisse ihres Lebens aufs Spiel, gut 140 000 Euro. Fortan geht's ums Ganze. Scheitert Tolix, dann scheitert Andriot. Eine Bank streckt ihr dann doch 100 000 Euro vor. Mit zwanzig Mitarbeitern wagt sie den Neuanfang. Warum zwanzig? »Das ist das Minimum, um Tolix-Stühle in bewährter Qualität zu bauen.« Andriot glaubt an ihr Unternehmen: »Der Stuhl hat Geschichte, er hat sich bewährt, er repräsentiert Qualität. In der Fabrikation haben wir ihn mit 400 Kilo belastet, der hält das aus.« Doch wie geht es weiter? Den Tolix-Stuhl radikal zu verändern würde die Stammkundschaft vergraulen, das Unternehmen würde ohne große finanzielle Reserven buchstäblich ins Ungewisse aufbrechen. Einfach wie bisher weitermachen ist ebenfalls keine Option, schon Familie Pauchard war damit gescheitert. Andriots Lösung war so einfach, dass sie fast als genial gelten kann. Die Pauchards boten ihren Stuhl in Schwarz, Weiß und Zinkgrau an. Sie erweitert die Farbpalette um viele weitere Töne von Weinrot über Knallgelb bis zu poppigem Pink und Laubfroschgrün. Fortan kann jeder Kunde »seinen« Tolix ordern. Der Hocker 45 war ursprünglich für die Armee konzipiert. Unter Andriot gibt es ihn auch in Pastelltönen.

Für Neuerungen engagiert sie das Designer-Duo Jean-François Dingjian und Eloi Chafaï, alias »Normal Studio«. Sorgsam erweitert sie das Sortiment, etwa durch Stühle »im Esprit von Pauchard«.

Doch mit dem Aufstieg stellte sich ein neuer Angstgegner ein. Der lauert nicht im heimischen Burgund oder in der Hauptstadt Paris, sondern in Indien und Asien. »Hersteller dort imitieren die Form unseres Stuhls und stellen ihn unter unserem Namen ins Internet«, empört sich Andriot. Ein Original kostet 169 Euro und mehr, eine Kopie gibt es ab 70 Euro. Sie kann es sich nicht leisten, Imitatoren rund um den Erdball zu verfolgen und zu verklagen. Die Aussicht, mit Kopien überschwemmt zu werden, stimmt sie besorgt. Immerhin konnte sie in Frankreich ein wenig aufräumen. »Meine Kunden sind so treu, dass sie mich alarmieren, wenn ihnen Fälschungen angeboten werden«, sagt Andriot. Kein Wunder: Sie sind halt mit Tolix-Stühlen aufgewachsen. Und wahrscheinlich haben sich schon ihre Eltern auf zwei Tolix-Modellen an einem Cafétisch kennengelernt.

Drum prüfe, wer es ewig bindet

Graues Licht fällt durch eine brüchige Glaskuppel in das Untergeschoss. Auf dem Schreibtisch stapeln sich Rechnungen, Werbepost, Dossiers in bunten Mappen. Und mittendrin steht ein Mittsechziger mit markanten Gesichtszügen und zerwuseltem dunklem Haar im Gerade-aus-dem-Bett-gestiegen-Look. Weder dem Atelier noch dem Mann sieht man ihren Status an. Denn Jean de Gonet ist ein Star, der König der Buchbinderzunft. Eine Institution. Ein Überflieger in einem Nischenmarkt: eigenes Atelier mit 24, erste Ausstellung mit 28. Nicht irgendwo, sondern in der Pariser Bibliothèque nationale. Seitdem kann er sich die Kunden aussuchen. Diskrete Sammler lassen bei ihm ebenso binden wie die Brüsseler Bibliotheca Wittockiana, das Musée national d'art moderne in Paris oder die New York Public Library. Nur über den Preis für seine Arbeit redet er nie: »Dann heißt es nur, ich bin berühmt und meine Arbeit ist teuer.« Für seine Kunden ist de Gonet ein *artiste*, ein Künstler. »Man gibt ihm ein Werk und weiß nie genau, wann man es gebunden erhält. Manchmal dauert die Arbeit Monate, aber man tut gut daran, ihn nicht zu unterbrechen«, erklärt ein Sammler, »denn wenn Sie das fertige Werk in den Händen halten, ist es einmalig: ein Meisterwerk, ein handwerkliches *Œuvre d'art*. Und ein Buch, das man mit Vergnügen anfasst.«

Kann man das Buch im Zeitalter der Klebebindung neu erfinden? De Gonet grinst bei der Frage wie ein Lausbub: »Es gab immer zwei Sorten Buchbinder: den soliden, klassischen Handwerker mit einem guten klassischen Einband. Und den ›dekorativen‹ Buchbinder für die besonders hochwertigen Bände.« »Banden die einen Miró«, erklärt de Gonet weiter, »wimmelte es auf dem Cover von poppigen Farben. Handelte es sich hingegen um einen Erotikband, musste eine softe Nacktszene darauf. Ich war es leid, einen Monat als Kubist zu beginnen und ihn als Surrealist zu beenden, und begann, mich lieber auf die Materialien des Einbands zu konzentrieren.«

Und was für welche: alle Sorten Holz, alle erdenklichen Leder, Kombinationen wie Teakholz, Kautschuk und Kalbsleder. Die »Poèmes élastiques« von Blaise Cendrars hüllte er in Ebenholz mit Buchrücken aus schwarzem Haileder, der Aufdruck erhielt das berühmte Monochrom-Blau des französischen Künstlers Yves Klein.

Miró-Zeichnungen verpackte de Gonet in Elfenbein und rotes Kalbsleder. Ebenholz, Fischleder und alte Spitzenstoffe oder Polyurethan, Kautschuk und sogar Plastikschuhsohlen aus dem Supermarkt – de Gonet verbindet Edles mit Simplem, seine Kreativität dient der Materie, nicht dem Ornament. Ständig wandern Schätze durch de Gonets Hände: »Leben und Lieder«, das erste Werk von Rainer Maria Rilke, band er für einen Pariser Sammler – nur neun Exemplare haben die Jahre seit der Veröffentlichung 1894 überstanden. Sammlungen von Kupferstichen und Zeichnungen, darunter immer wieder kleine Kompilationen von Mirò-Werken. Fotos der Hände von Hans Arp, aufgenommen vom Verleger Pierre André Benoit (der die Originalmotive zerriss und fünf Exemplare des Buches »Arps Hände« mit ihnen beklebte).

Jedes Buch hat seine Geschichte. Mal sind es Werke, die der Autor persönlich mit Signatur an renommierte Sammler schickte, mal kostbare Kleinstauflagen für Kenner, von denen maximal 40 Stück aus der Druckerpresse wandern. Sie werden vom ersten Tag an als Raritäten gehandelt. Ab und an lässt sich ein Verleger den ersten Band einer Neuerscheinung für die Nachwelt mit einem De-Gonet-Einband schmücken. Doch auch im scheinbar Simplen wird der Buchbinder zum Künstler, wenn er etwa für einen Chanel-Jubiläumsband eine Reliefskulptur formt, die für jedes Werk neu mit Polyurethan ausgegossen wird. »Rim-Einband« (*Reticulated Injected Mould*) heißt diese Technik, die er schnell für die Bindekunst perfektionierte. »Ich sehe das Buch als Objekt und lasse mich von sinnlichen Materialien inspirieren«, sagt er. Und: »Eigentlich können mir die jungen Buchbinder ruhig ein bisschen dankbar sein, dass ich sie vom Zwang zum Decorum erlöst habe.«

»Bücher verpacken« ist Jean de Gonets Lebensthema: »Eigentlich hätte ich Mediziner oder Ingenieur werden sollen. Aber schon in der Schule arbeitete ich in einem kleinen Buchbinder-Atelier. Und machte die Erfahrung, dass alles, was man näher betrachtet, faszinierend interessant werden kann. Als Autodidakt hatte ich sicher mehr gedankliche Freiheit als die von der Ausbildung formatierten Kollegen. Und geholfen hat mir sicher, dass ich zwischen schönen Dingen aufgewachsen bin. Die Gemälde im Haus meines Vaters im Languedoc, die Blumengestecke meiner Großmutter, das hat mich geprägt.« Selbstbewusst hat ihn die Jugend in der französischen Bourgeoisie auch gemacht: Die weitaus meisten seiner Einbände sind »stumm«. Kein Titel, kein Autorenname, kein Vermerk auf dem Buchrücken zieren das Werk. Erst kommt das Objekt, die Arbeit des Binders. Dann, auf der ersten Seite, beginnt die Arbeit des Autors. Und wozu ein Name? Der Connaisseur erkennt seinen De-Gonet-Einband blind.

Kulturelles

Orte, die man nur einmal im Jahr sieht

Seit über dreißig Jahren finden im September die *Journées du Patrimoine* statt. Während dieser »Tage des Kulturerbes« öffnet das Kultusministerium Türen, die normalen Besuchern gewöhnlich verschlossen bleiben. Mit etwas Glück sind dies zum Beispiel:

- Die Seifenfabrik Le Fer à Cheval in Marseille
  Seit 1856 wird hier die bekannte Seife aus Marseille hergestellt.
- Der Kongresssaal des Schlosses von Versailles
  Hier tagte die Nationalversamlung zu Zeiten der Pariser Kommune im 19. Jahrhundert.
- Das Couvent des Cordeliers in Nantes
  Eine Klosteranlage aus dem dreizehnten Jahrhundert.
- Matignon in Paris
  Der Amtssitz des Premierministers im 7. Arrondissement von Paris. Matignon gehört zu den

beliebtesten Zielen während der Tage des Kulturerbes. Besucher müssen oft fünf Stunden Wartezeit
in Kauf nehmen.

- Die École Nationale d'Administration in Stras-
  bourg
  Die Schule, die Frankreichs Beamtenelite ausbildet.
- Die Cartonnerie Jean Moulin in Bonnat
  Seit den 1920er Jahren werden hier Kartons für die
  Schuhindustrie hergestellt.
- Fort Saint Jean – École nationale du Trésor Public
  Diese alte Festungsanlage in Lyon beherbergt heute
  die Schule der Steuerinspektoren.

Und natürlich öffnet auch der sonst streng bewachte
und streng verschlossene Elysée-Palast wärend der
Journées du Patrimoine seine Tore für das gemeine
Volk.

Jenseits von Eiffelturm und Louvre – kleine Museen

Was, Sie kennen Paris? Sie haben die Seitenflügel
des Louvre erkundet. Sie standen ganz oben auf dem
Eiffelturm, haben auf dem Friedhof Père Lachaise das
Grab von Oscar Wilde besucht und können über die
Impressionisten im Musée d'Orsay spontan ein Refe-

rat halten? *C'est extraordinaire,* aber Paris kennen Sie deswegen noch lange nicht. Nicht einmal die Pariser kennen Paris, man braucht ein Leben, um die Stadt an der Seine zu erkunden.

Paris, das ist komprimierte Vergangenheit auf 105,4 km²; Gloire et grandeur der Grande Nation wurden durch den französischen Zentralismus in Paris stets besonders sichtbar. Hunderte von Einwanderern aus aller Welt warteten hier auf ihren künstlerischen Durchbruch. Das echte Paris der Bohèmiens und Schriftsteller, der Künstler und Schauspieler, aber auch der Forscher und Gelehrten findet sich weder im Louvre noch im Musée d'Orsay. Es sind kleine versteckte Orte, die den wahren Glanz von Paris zeigen oder auch die dunkle Seite der Stadt hervorheben. Makabres ist darunter, wie etliche medizinische Kuriositätenkabinette, die nichts für schwache Mägen sind. Oder das Museum des Fundbüros in der Rue des Morillons 36, wo man sich durchaus fragen darf, wie jemand eine Prothese seines rechten Beines unbemerkt verlieren kann. Oder die historische Kollektion der Polizeipräfektur in der Rue de la Montagne-Sainte-Geneviève 4, die einmal mehr beweist, dass die Pariser Wirklichkeit grausamer als jedes Drehbuch sein kann. Gegen Mörder wie Landru oder den Radiologen Dr. Marcel Petiot wirkt Hannibal Lecter aus »Das Schweigen der Lämmer« wie ein blutiger Anfänger.

Daneben existieren die privaten Sammlungen wie das Musée Maillol, gegründet von Dina Vierny, die mit nur 15 Jahren zur Muse des Malers und Bildhauers wurde. Oder die Collection von Alain, Barbier in der Rue Saint-Claude 8, der in seinem Frisiersalon die Geschichte des Haar- und Bartschnitts präsentiert. Oder das Magiemuseum in der Rue Saint Paul 11 mit Kisten, in denen sich einst Jungfrauen zersägen ließen. Wie die Damen überlebten, verraten die Führer leider nicht. Aber wer richtig rät, dem wird manchmal ein anerkennendes »Oui« ins Ohr gemurmelt.

Hobbys, freigegeben zur Besichtigung, neben echten Schätzen, wie dem »Aerodynamischen Labor« des Gustave Eiffel (67, rue Boileau). Mit 70 Jahren konzipierte der Konstrukteur hier den ersten Windkanal als eine Art Riesen-Staubsauger mit einem 7-Tonnen-Ventilator. Bei Windgeschwindigkeiten um die 100 km/h wurden frühe Flugzeugmodelle getestet. Solche Tests finden auch heute noch in diesem nüchternen Zweckbau statt, der Öffentlichkeit ist das »Chambre Eiffel« leider nur zwei bis drei Tage pro Jahr zugänglich.

Oder die Loge der legendären Schauspielerin Sarah Bernhardt im Théâtre de la Ville (2, place du Châtelet). Sicher, die sogenannte Loge wurde bei einer Renovierung 1968 stark zusammengestutzt, aber die Badewanne der Actrice und viele private Erinnerungsstücke wurden bewahrt.

In einigen Museen sind zeitweise mehr Wärter als Besucher anzutreffen. Die Maison de Balzac im heute vornehmen Stadtteil Passy gehört dazu. Honoré de Balzac lebte auf dem Tiefpunkt seiner Karriere hier im zweiten Stock eines Mietshauses in der Rue Basse (heute Rue Raynouard) von 1840 bis 1847, versteckte sich hinter dem Pseudonym Monsieur de Breugnol vor seinen Gläubigern, redigierte an seinem schmalen Holzschreibtisch die ganze »Comédie humaine« (»Die menschliche Komödie«, 1842) und schrieb »Splendeurs et misères des Courtisans« (»Glanz und Elend der Kurtisanen«). Im dörflichen Häuschen warten seine goldene Uhr, die aus Seide und Wolle gestickten Hosenträger, eine heißgeliebte Kaffeekanne (der Autor trank bis zu dreißig Tassen pro Tag) und ein Spazierstock mit Knauf aus Gold und Türkisen sowie etliche Karikaturen auf die Besucher. Als sich Balzacs Finanzen deutlich verbesserten, zog er in die Rue Fortunée (heute Rue Balzac). Dort gibt es bezeichnenderweise kein Museum seiner Wohlstandsjahre.

Modern und spektakulär ist das neue Baccarat-Museum in einem 3000 m² großen Herrenhaus von 1894 am Pariser Place des États-Unis. Der Lebenslauf der Vorbesitzerin, Marie-Laure de Noailles (1902–1971), könnte eine Abendserie auf ARTE füllen: Angeblich stammte die Vicomtesse direkt vom Marquis de Sade ab, finanzierte Filme von Luis Buñuel, Man Ray und

Jean Cocteau und war die Mäzenin von Piet Mondrian und Salvador Dalí.

Vorbei geht es an einem Kristalllüster im Aquarium, an zwei Monumentalvasen, auf die augenrollende Visagen projiziert werden, dann hoch ins eigentliche Museum im ehemaligen Ballsaal. Zwei riesige Kronleuchter bemerkt jeder Besucher sofort. »Zwölf hatte der Zar von Russland bei Baccarat bestellt«, erklärt ein Herr in Schwarz, »dann kam die Revolution. So sind zwei in Frankreich verblieben.« Dabei wirkt der steife Monsieur, als würde er jeden Moment einen Anrufer aus dem Kreml erwarten, der ihn auffordert, jetzt gefälligst sofort die bezahlten Prunkleuchter einzupacken und nach Moskau zu schicken.

Zwei Museumsschmuckstücke liegen etwas außerhalb im Pariser Westen: Der *Potager du Roi*, Gemüsegarten des Sonnenkönigs Ludwig XIV., versteckt sich hinter dem Schloss von Versailles. Äpfel, Kräuter, Spargel wachsen in strenger Formation rund um einen Springbrunnen, Birnbäume werden zu sorgfältig gestutzten Hecken. Im *Jardin à la française* herrscht militärische Disziplin für die Natur, dem König hat sich die Fauna unterzuordnen. *L'état, c'est moi!* (Der Staat bin ich!) Historische Erde für Gourmets, denn hier wurde das Frühgemüse »erfunden«. Gärtnermeister La Quintinie durfte Sa Majesté schließlich nicht monatelang auf Erdbeeren warten lassen.

Mindestens ebenso exzentrisch ist das Château de

Monte Christo in Le Port Marly. Alexandre Dumas leistete sich 1844 dieses Schlösschen. Zur Anlage gehört ein englischer Garten und eine Menagerie. Seinen Affen Beauvoir, die Hauptattraktion, hatte Dumas nach dem Liebhaber seiner Frau benannt. Der gotische Pavillon Château d'If nebenan wurde zu Dumas' höchstpersönlichem Elfenbeinturm. Stundenlang schrieb er hier Romane auf blauen, Theaterstücke auf gelben und Zeitungsartikel auf rosa Blättern. Eines Nachts sah Alexandre junior seinen Vater schluchzend aus dem Château d'If fliehen. »Porthos ist tot«, heulte der Autor und gestand: »Ich habe ihn gerade umgebracht.«

Zahmer ist das Musée de la Vie romantique – Maison Renan Scheffer (16, rue Chaptal) im Stadtzentrum unweit der Galeries Lafayette. Ein verträumtes Häuschen mit Garten und Gewächshaus in einem Hinterhof.

Maler Ary Scheffer arbeitete hier von 1830 bis zu seinem Tod 1858, Kunst- und Literaturzirkel des 19. Jahrhunderts wählten die Villa zu ihrem Treffpunkt. Freitagnachmittags waren Franz Liszt, Georges Sand, Gioachino Rossini oder Charles Dickens bei Scheffers zu Gast. Besonders präsent im Haupthaus sind private Erinnerungsstücke von George Sand, von dem Mobilier der Dichterin aus Nohant bis zu einem Abguss der Hände ihres Lebensgefährten Chopin. Nebenan liegt Ary Scheffers Atelier. Das wiederum wirkt so, als käme der Maler noch mal vorbei, um einen Pinselstrich zu korrigieren. Im Raum bullert ein Ofen, die Bibliothek mit dem Gesamtwerk Victor Hugos wirkt frisch sortiert. Fast nebenan im Künstlerviertel liegt das Musée Gustave Moreau (14, rue de la Roche-Foucault). Moreau (1826–1898) war seit seinem 36. Lebensjahr besessen vom »Schicksal seiner kleinen Arbeiten« und – wie viele Pariser – höchst überzeugt von seiner Bedeutung für die Nachwelt. Mit 72 begann er, sein Haus in sein Museum zu verwandeln, opferte Garten und Atelier, um die zweite und dritte Etage in große Säle mit einer theatralischen Treppe zu verwandeln. Mit viel Detailliebe legte er fest, wie seine mehr als 5000 Werke und Skizzen der Nachwelt zu präsentieren seien. Schon drei Jahre nach seinem Ableben konnte das Museum den Betrieb aufnehmen.

Cineastisches

Wie alles begann

Mit den Brüdern Auguste und Louis Lumière fing alles an: Als sie im Jahr 1895 im Grand Café (14, Boulevard des Capucines in Paris) ihren ersten Kurzfilm »L'Arrivée du Train« (»Die Ankunft des Zuges«) vorführten, sollen die Zuschauer vor Schreck von den Stühlen gesprungen sein. Angeblich fürchteten sie, von dem herannahenden Dampfross überrollt zu werden. Seitdem hat Frankreich Filmgeschichte geschrieben. Charles Pathé, seit 1902 der Inhaber von Lumières Patenten, und Léon Gaumont, Eigner von Europas größten Studios, dominierten zusammen mit einigen Amerikanern und Italienern Anfang des 20. Jahrhunderts die siebte Kunst. In den 1920er Jahren griffen die Surrealisten zur Kamera, die Nouvelle Vague frischte Ende der 1950er Jahren die Szene auf. Truffaut, Godard, Chabrol und die anderen ließen sich regelmäßig in der Cinémathèque Française inspirieren. Aber nicht nur französische Regisseure machten das Land zu ihrem Drehort: Vincente Minellis »Ein Amerikaner in Paris«, »Gigi«, »Charade«, »Frantic«, »Ninotschka« mit der großartigen Greta Garbo, »Moonraker« … die Liste von Filmen, die zumindest teilweise in Frankreich spielen, ist schier endlos, jährlich gehen Tausende Anfragen für Drehgenehmigungen ein.

Der 38-jährige Marcel Pagnol hat diese Zeichen der Zeit früh erkannt. Nach der Premiere einer der ersten Tonfilme in London sagte er: »Das Kino wird nie mehr verstummen. Eine neue Kunst ist geboren … Eine vollendete Kunst … Ich werde also keine Theaterstücke mehr schreiben. Ich werde Drehbücher verfassen.«

So gründete er im Jahre 1933 seine eigenen Studios bei Marseille. Auf 24 Hektar entstanden Filme wie »Jofroi« (1934), »Angèle« (1934), »Merlusse« (1935), »Cigalon« (1935), »César« (1936) und natürlich »La femme du boulanger« (»Die Frau des Bäckers«, 1938).

Bäcker Aimable, dargestellt von Raimu, zieht mit seiner jungen, hübschen Frau Aurélie in ein provenzalisches Dorf. Doch während Aimable sein erstes Brot backt, brennt Aurélie mit einem Schäfer durch. Der Bäcker verfällt in Depression, an Backen ist nicht mehr zu denken. Zuerst lachen die Dorfbewohner über den betrogenen Ehemann. Doch dann wollen sie die Eheleute wieder zusammenbringen und schmieden einen Plan, um Aurélie zu finden und zurück in die Backstube zu bringen. Ganz uneigennützig sind die Dörfler dabei nicht: Schließlich brauchen sie ihr tägliches Brot.

Eine Geschichte, wie sie auch von Peter Mayle stammen könnte. Selbst Orson Welles, einer der größten Regisseure aller Zeiten, bewunderte *la femme* (die Frau). Pagnols Werk gewann 1940 den New York Film Critics Circle Award, den Preis der New Yorker Filmkritiker, als bester ausländischer Film.

Pagnols Erfolgsgeheimnis war ganz einfach. Er fing den Lokalkolorit des Südens auf der Leinwand ein, den schweren Akzent, der *pain* (Brot) zu »peng« und *vin* (Wein) zu »weng« werden lässt. Er drehte in den schönsten Orten der Umgebung. Für »Die Frau des Bäckers« etwa wurde die Kamera meist in Le Castellet, einem mittelalterlich wirkenden Bergdorf, aufgestellt, zum Beispiel auf der Place de l'Ormeau oder der Terrasse des Lokals Le Roi d'Ys. Und er tauchte selbst ins Leben auf dem Lande ein. »Wir verbrachten ganze Tage in der Einsamkeit der blühenden Minze. Wir zündeten für »Angèle« ein Feuer im Kamin an. Auf der Glut grillten wir später Lammfleisch. Wir aßen, plauderten, tranken Weißwein, der in einer Quelle gekühlt wurde«, erinnerte sich Georges Berni, der später Pagnols Biograph werden sollte. Diese glücklichen Stunden sind für immer auf der Filmspule verewigt.

Heute noch kann man das Geburtshaus von Marcel Pagnol in Aubagne besichtigen. Von diesem Ort aus führt ein Pagnol-Weg quer durch die Landschaften und Dörfer, wo der Meister seine Filme drehte. Ruinen, Brunnen, Bauernhöfe, Landhäuser warten auf die Spaziergänger. Manches wirkt, als wären die Dreharbeiten gerade erst beendet worden.

Doch der Zweite Weltkrieg machte auch der Unterhaltungsindustrie zu schaffen: Pagnol musste seine Studios an Gaumont verkaufen. Später wurde er zum Romancier, schrieb provenzalische Klassiker wie »L'eau des Collines« (»Die Wasser der Hügel«, 1963), ein Roman in zwei Teilen, der wiederum 1986 von Claude Berri verfilmt wurde.

Über die Jahrzehnte haben Filmemacher das Erbe von Lumière und Pagnol erweitert. Den Erfolgsfilm »Les Choristes« (»Die Kinder des Monsieur Mathieu«, 2004) sahen in den ersten zehn Wochen nach Kinostart acht Millionen Franzosen. Dabei hat er, oberflächlich betrachtet, nicht gerade Blockbuster-Format: Im Jahre 1949 findet der arbeitslose Musiklehrer Clément Mathieu eine Stelle in einem Internat für schwer erziehbare Jugendliche. Trotz repressiver Methoden hat Direktor Rachin alle Mühe, die Ordnung aufrechtzuerhalten. Doch Mathieu wird seine neuen Schützlinge mit dem Gesang vertraut machen und damit ihre Leben ändern, und nebenbei sein eigenes. Der Erfolg der »Kinder« liegt in der Stärke der Geschichte, den Charakteren, dem Hauptdarsteller Gérard Jugnot und vielleicht ein klein wenig dem

Château de Ravel in der Auvergne.Das Filminternat Fond de l'étang ist in Wahrheit eine königliche Festung aus dem 12. Jahrhundert mit Gartenanlagen von André Le Nôtre – und heute wie damals in Privatbesitz. Ein majestätisches Gemäuer mit lauschiger Aussichtsterrasse, um das sich die Familien Brochot und Ramos liebevoll kümmern. Sie restaurieren, veranstalten Konzerte, Theateraufführungen, Ausstellungen, Empfänge und lockten so auch »Die Kinder des Monsieur Mathieu« in ihr historisches Schloss.

»Je vous trouve très beau« (»Sie sind ein schöner Mann«, 2005) war ein weiterer Überraschungserfolg. Fast 3,4 Millionen Zuschauer, dazu ein prestigeträchtiger Filmpreis für Regisseurin Isabelle Mergault. Der Film war mehrmals für den französischen Filmpreis César nominiert und wurde für das beste Erstlingswerk ausgezeichnet. Mergault hatte ihre Kameras im Département Drôme aufgestellt. Dort lebt, im Film zumindest, der Bauer Aymé Pigrenet. Als Aymé seine Frau verliert, wird er nicht nur von der Trauer, sondern vor allem von der harten Landarbeit überwältigt. Da gibt es nur eine Lösung: Eine neue »Madame« muss her. Doch die Kandidatinnen stehen nicht gerade Schlange, um dem Mittfünfziger die Landarbeit zu erleichtern.

Ein Teil des Films spielt in Montélimar. Eine Stadt, die von der vielbesungenen Nationale Sept nahe dem Rhôneufer umzogen wird. Kleinwagen und Gespanne mit Wohnmobilen werden von Limousinen auf den Weg in den Süden überholt. Es lohnt, hier abzufahren. Links und rechts warten kaum berührte Natur und malerische Dörfer, westlich der Rhône etwa Le Teil oder Rochemaure. Nur ein paar Kilometer östlich sieht man Olivenhaine, sanfte Hügel, ein wenig südlich locken die Trüffel des Tricastin, die Rhôneweine, die Olivenhaine.

Montélimar, das ist eine verschlafene Durchreisestation mit einer Spezialität: französischem Nougat. Nougat de Montélimar besteht zu 20 Prozent aus Honig, zu 28 Prozent aus Mandeln und zu 2 % aus Pistazien – die restlichen 50 Prozent sind die persönliche Note jedes Herstellers. Aymé hätte eine Extraportion mit nach Rumänien nehmen sollen …

Der Film »Coco Chanel« aus dem Jahr 2009 lässt Publikumsliebling Audrey Tautou in der Titelrolle die Seebäder der Normandie besuchen. Im wahren Leben hatte Chanels Liebhaber Boy Capel ihr in Deauville, zwischen dem Kasino und dem Hotel Normandy, eine Boutique gekauft. »Gabrielle Chanel« prangte in großen Lettern an der Front, im Unterschied zu ihrem ersten Geschäft in der Rue Cambon 21 in Paris, das »Chanel Modes« hieß. Um die Atmosphäre der guten, alten Zeit einzufangen, zog das Filmteam nach Trouville. Und nach Cabourg, einem Ort, der bis heute vollkommen zu Unrecht kaum bekannt ist. Um 1850 ließ ihn Henri Durand-Morimbau quasi aus dem Nichts bauen. In Halbkreisen zieht sich die Stadt um ein fotogenes Grand Hôtel nebst Casino, direkt nebenan liegen malerische Villen im Stil des 19. Jahrhunderts – eine Zeit, die hier nie ganz gewichen zu sein scheint. Vieles in Cabourg ist so authentisch, dass man sich nicht wundern würde, Madame Chanel am Nebentisch zu entdecken – zumal es im Stadtzentrum eine hervorragende Patisserie mit guten Tees und Madeleines gibt.

Berühmte Pariser Drehorte

- 110, rue Vieille-du-Temple: In diesem Haus wurde 1985 die französische Originalversion von »Drei Männer und ein Baby« (»3 hommes et un couffin«) gedreht.
- Metrostation Auber: Schauplatz von Luc Bessons »Subway«.
- Der Eiffelturm: »Star« so gut wie aller Paris-Filme und für ein paar Sekunden immer im Bild: Hier singen 1957 Fred Astaire, Audrey Hepburn und Kay Thompson in »Ein süßer Fratz« (»Funny Face«) auf der Plattform, hier jagt Roger Moore als Geheimagent James Bond »Im Angesicht des Todes« (»A view to a Kill«) May Day alias Grace Jones übers Metallgerüst.
- Hôtel du Nord: »Titelrolle« des gleichnamigen Films von Marcel Carné mit Arletty.

- Palais Royal: Ort des Schlussduells zwischen Cary Grant und Walter Matthau in Stanley Donens »Charade«.
- Pont de Grenelle: Die Kopie der Freiheitsstatue taucht in Polanskis »Frantic« mit Harrison Ford auf.
- Rue de l'Alboni: das leere Appartment aus dem »Letzten Tango in Paris« (»Ultimo tango a Parigi«) mit Marlon Brando.
- Rue Saint-Denis: Lieferte die Inspiration für Billy Wilders »Irma la Douce« – gedreht wurde im Hollywoodstudio.

Lieblingsschauspieler

- Louis de Funès, 1914–1983 (24,8 %)
- Lino Ventura, 1919–1987 (22,7 %)
- Jean Reno, *1948 (20,4 %)

Lieblingsschauspielerinnen

- Sophie Marceau, *1966 (33,9 %)
- Romy Schneider, 1938–1982 (33,6 %)
- Catherine Frot, *1956 (19,9 %)

Lieblingsregisseure

- Luc Besson, *1959 (42,5 %)
- Gérard Oury, 1919–2006 (19,6 %)
- François Truffaut, 1932–1984 (18,9 %)

Lieblingsfilme

- »La Grande Vadrouille« (»Die große Sause«, 1966) von Gérard Oury war mit 17,27 Millionen Zuschauern vierzig Jahre lang Rekordhalter in Frankreich (27,1 %), bis er 2008 von der Komödie »Bienvenue chez les Ch'tis« (»Willkommen bei den Sch'tis«) mit 20 Millionen Zuschauern vom Thron gestoßen wurde.
- »Intouchables« (»Ziemlich beste Freunde«, 2011) von Olivier Nakache und Éric Toledano (26,6 %).
- »Le Vieux Fusil« (»Das alte Gewehr«, 1975) von Robert Enrico (23,7 %).

Generell sind Komödien das beliebteste Genre der Franzosen – besonders wenn diese aus dem eigenen Land stammen.*

* BVA Umfrage 2015

Das perfekte Bild –
der Erfolg der Harcourt-Studios

In Frankreich ist man kein Schauspieler,
wenn man nicht in den Harcourt Studios
fotografiert worden ist.

Roland Barthes, »Mythologies«
(»Mythen des Alltags«, 1957)

Harte Schatten, die aus jedem Eierkopf einen Charakterschädel zaubern. Eine perfekte Dreiviertel-Vorderansicht vor grauschwarzem Hintergrund. Das war das Markenzeichen der Studioportraits. Auch Menschen, die nie den Namen Harcourt gehört haben, haben bestimmt schon mal solch ein Bild bewundert, schließlich saßen fast alle klassischen Schauspieler, Regisseure und Schauspielerinnen von Abel Gance bis Jean Gabin, von Catherine Deneuve bis Romy Schneider hier schon mal auf dem Stuhl.

Der Mythos der Harcourt-Fotografie entstand durch die vier Gründer Jacques und Jean Lacroix, Robert Ricci, dem Sohn der Modedesignerin Nina Ricci, sowie Germaine Hirschfeld (1900–1976), die sich als Tochter deutscher Kaufleute jüdischen Glaubens den Beinamen Cosette Harcourt gegeben hatte. Cosette hatte die Fotografie im Studio Manuel Frères gelernt, wo sie Jacques Lacroix kennenlernte. Mit seinem Bruder Jean verlegte er Magazine wie »Guérir«. Und zusammen mit Robert Ricci unterhielten die beiden die Werbeagentur Pro-Publicité.

Für die Arbeit war Cosette Harcourt praktisch allein zuständig – auch, weil sie ein gut gefülltes Adressbuch mit den Anschriften Pariser Berühmtheiten besaß. Im Jahr 1938 zog das Studio an die noble Adresse 49, Avenue d' Iéna um. Der Einmarsch der Nazis versetzte die vier Geschäftspartner in Angst. Gemeinsam erörterten sie, wie und wo Cosette vor den Deutschen versteckt werden könnte. Im August 1940 heiratete Jean Lacroix die damals Vierzigjährige, um sie zu schützen. Doch die Stimmung in Paris verfinstert sich. Cosette flüchtete zuerst nach Südfrankreich, dann nach England. Dem Erfolg der Studios tat dies keinen Abbruch. Nazioffiziere gehörten ebenso wie alliierte Generäle zu den begeisterten Kunden der Fotografen. Mit der *Libération* kam auch Cosette zurück. Ihre Ehe mit Jacques Lacroix wird 1946 geschieden, dennoch bleiben die beiden bis zu ihrem Ableben zusammen.

Das Studio Harcourt wird in den 1950er Jahren erst richtig erfolgreich. Bei den Brüdern Lacroix boomt das Verlagsgeschäft, dank guter Beziehungen druckt auch die Nachrichtenagentur AFP bevorzugt Harcourt-Bilder. Berühmtheiten stehen Schlange: Etwa vierzig Portraits wurden pro Tag geschossen. Etwa 1800 Kunden pro Jahr kamen im Jahr 1940, in den 1950er Jahren sind es gut 9000.

Als eines der ersten Unternehmen überhaupt bot Harcourt seine Dienste den Kunden per Telefon an – und damals war diese revolutionäre Technik eher wichtigen und vermögenden Personen vorbehalten.

Doch die Zeiten änderten sich: Dank Spiegelreflexkameras war der Besuch im Fotostudio nicht mehr obligatorisch, um vorzeigbare Bilder zu drucken. Die Nouvelle Vague entfremdete die Stars etwas von Harcourt. Denselben Fotostil wie die Altstars, wo doch jetzt alles *nouveau* war? Nein danke!

Die Brüder Lacroix trennten sich 1969, Jacques führte das Studio fortan allein. Cosette Harcourt starb im Jahr 1976. Jacques Lacroix löste das Studio 1980 auf. Die Studios wurden verkauft, ihr Stil wechselte nach Geschmack des Käufers. Auf Initiative des damaligen Kultusministers Jack Lang wurden die Harcourt-Archive vom Staat gekauft.

Seit 2007 gehört das Studio dem ehemaligen Makler Francis Dagnan und seiner Lebensgefährtin Catherine Renard. Inzwischen landete die Nouvelle Vague im Altersheim, es wird wieder im klassischen Harcourt-Stil fotografiert. Der nämlich ist weder neu noch alt, sondern zeitlos.

Für alle, die sich kein Portrait für 1000 bis 2000 Euro leisten möchten, haben Dagnan und Renard Fotoautomaten mit der typischen Harcourt-Beleuchtung entworfen. Die Standorte findet man auf Facebook:

www.facebook.com/CabinePhotoDeLuxeStudioHarcourt/

Für die moderate Summe von zehn Euro sind die Resultate wirklich erstaunlich.

Alle Jahre wieder – man sieht sich in Cannes

Jeden Mai dasselbe Spiel: Ehrfürchtig bestaunen die Besucher die Prunkfassaden des Majestic, des Carlton und des Martinez, hoffen und beten, dass vielleicht ein bekanntes Gesicht irgendwo einen Vorhang aufzieht. Schließlich gibt es ja auch genug davon: Zu den 35 000 Kinoprofis, Stars wie Sternchen, Regisseuren, aber auch Beleuchtern und Visagisten, kommen 4000 Journalisten, von denen einige selbst nicht ganz unbekannt sind.

Es ist ein eigenwilliges Spektakel: Während ein Oscar die Karriere eines Schauspielers krönen und beflügeln kann, wird die Goldene Palme von Cannes außerhalb Frankreichs eher spärlich beachtet. Bleibt das kurzfristige Vergnügen, die 24 Stufen der Treppe des Palais de Festival hinaufzusteigen – architektonisch gesehen ein Klotz mit dem Charme eines Atlantikbunkers. »Cannes ist vor allem eine Treppe«, hat der französische Regisseur Claude Lelouch einmal gesagt. »Eine Treppe, die einfach hochzuschreiten ist und schwer herunterzusteigen. Der Eintritt vollzieht sich immer unter Blitzlicht und Applaus, der Ausgang manchmal unter eisiger Stille oder Pfiffen.«

Trotzdem oder gerade deshalb hat die Treppe eine beachtliche Anziehungskraft: Ursprünglich sollte sie das erste Mal 1939 von Louis Lumière, einem der Erfinder des Mediums Film, erklommen werden. Der Zweite Weltkrieg verschob das geplante Festival auf den September 1946. Damals im Programm: »La Belle et la Bête« von Jean Cocteau, »Gilda« von Charles Vidor und »Notorious« von Alfred Hitchcock. Cineasten mischten sich mit der damals höchst aktiven Künstlergemeinde in Hotels und Restaurants. Im schlichten »Café-Tabac Galérie des Arcades« im Glasbläserdorf Biot etwa, wo sonst Chagall oder Picasso Kaninchen mit Kräutern genossen. Oder im »Colombe d'Or« in Saint-Paul-de-Vence, wo Simone Signoret ihren Yves Montand kennenlernte und Maler und Bildhauer schon mal mit eigenen Werken die Rechnung zahlen konnten (siehe auch S. 149 und 158). Die Künstler, die Cineasten, das Meer, die Palmen und Zypressen – es war eine kreative Mischung. Eine andere Zeit für die Stadt und das Kino. Hitchcock hat ihr 1955 mit »Über den Dächern von Nizza« (»To catch a thief«) ein Denkmal gesetzt: Wer den Film heute schaut, sieht Cary Grant, alias John Robie, im Cabrio über die Nadelkurven der Corniche sausen, erlebt Verfolgungsjagden zwischen dem Blumenmarkt der Place Masséna in Nizza, sieht die Zuckerbäckerfassade des Carlton mit seinem Ponton. An seiner Seite war die blonde Grace Kelly, die später zur Fürstin des nahen Monaco avancierte. Cannes und die Côte, das war die große Welt der Reichen und Schönen.

In den Bargesprächen der älteren Cannois hat die glorreiche Zeit noch einen festen Platz: »Weißt du noch, wie Lino Ventura im Majestic immer selbst sein Bett machte und die Badewanne reinigte?« »Dass Truffaut sich im Martinez einschließen ließ, um seine Drehbücher zu vollenden?« »Dass Sammy Davis junior vor wahren Hummerpyramiden im edlen Restaurant Moulin de Mougins am Piano saß?« »Und die Geschichte mit Robert Mitchum auf der Île de Lérins – oh, là, là.« Mitchum spazierte gerade im gestreiften Polohemd über den Inselstrand, als die Schönheit Simone Silva auf einmal ihre Brüste entblößte. Ganz Gentleman, versuchte der Schauspieler noch, die Dame mit seinem massigen Körper vor Blicken zu schützen. Zu spät, die Vorfahren der Paparazzi waren schneller. Dem verheirateten Mitchum wurde von der amerikanischen Presse regelrecht der Prozess gemacht, Frau Silva vom Filmbusiness und der Familie verstoßen.

Nach diesen Maßstäben müsste es heute auf der Croisette von verlassenen Starlets wimmeln. Die Welt hat sich verändert, Cannes ist keine Ausnahme. Neben dem bunten Blumenmarkt von Nizza werden

Gäste mit TexMex-Kost abgefüttert. Die Dörfer der Côte gehen nahtlos ins Stadtgebiet von Cannes über, in der Saison und besonders während des Festivals wird die Croisette zum Dauerstau. Dort, wo früher das edle Palais stand, wirbt heute die kantige Architektur des JW Marriott. Die Cannois an der Bar am Markt beschweren sich, dass »inzwischen jeder ein Star ist, wenn er sein Gesicht mal fünfzehn Minuten in eine Fernsehkamera gehalten hat«. Und dass von diesen »15-Minuten-Gesichtern« jedes Jahr zum Festival die lautesten Sprüche kommen. Aber beim Blitzlichtgewitter zum festlichen Gang über die Treppe sind sie trotzdem alle dabei. Und die Refugien der Stars, die gibt es immer noch. Alle Adressen aus den Zeiten von Hitchcock und Truffaut pflegen noch heute den Mythos von Glanz und Gloire der Côte. Im Café-Tabac von Biot serviert die Familie Brothier immer noch Aioli, Sardinen und Schmortöpfe. Das Colombe d'Or verfügt inzwischen über eine beeindruckende Sammlung moderner Kunst aus den Händen der ehemaligen Stammgäste. Martinez und Majestic wurden über die Jahre immer wieder eindrucksvoll renoviert, bieten Prunksuiten mit Terrasse, Jacuzzi, Sauna und vor allem viel Platz. Wer nicht auf den kürzesten Weg zum Palais de Festival angewiesen ist, nächtigt in den diskreten Suiten des Cap Eden Roc. Die nämlich können von Paparazzi höchstens vom Boot aus eingesehen werden.

Malerisches

La Ferme de Toutain – das Haus der Impressionisten

»18. Juni 1859. Rückkehr von Honfleur mit Courbet. Ich habe einen phantastischen Abend bei De Dreuil mit Courbet verbracht. Wir haben gesungen, geschrien, so viel Krach gemacht, dass der Tag uns mit dem Glas in der Hand gefunden hat. Wir sind zurückgekommen, indem wir Lärm quer durch die Straßen gemacht haben, was wenig würdig ist, dann haben wir uns im Bett meiner armen guten Leute hingelegt. Diesen Morgen hatten wir einen schweren Kopf, was uns nicht gehindert hat; schöne Dinge zu bewundern«, schreibt der Maler Eugène Boudin (1822–1898).

Boudins »arme, gute Leute« kannten die gesamte Künstlergemeinde ihrer Zeit.

Pierre-Louis Toutain hatte 1825 seine Auberge eröffnet: »La Ferme de Toutain«. Trotz schönen Küstenblicks war die Umgebung nicht unbedingt glamourös. Neben einem Kapellchen stand hier auch ein Heim für Leprakranke. Später, im Jahre 1848, heiratete Pierre-Louis seine Catherine-Virginie. Die richtete nicht nur die Zimmer gemütlich ein, sondern galt auch als herausragende Köchin. Höchst beliebt waren zum Beispiel ihre Makrelen mit Sauerampfer. Kunden kamen reichlich, wenn auch mehr von der Sorte, die nicht mit klingender Münze, sondern mit einem Bild oder einer Zeichnung bezahlten. Alfred Delvau, Autor der gerade gegründeten Zeitung »Le Figaro«, staunte schon damals über den Reichtum an Kunst. Die Wände der Zimmer waren mit Kreide- oder Bleistiftskizzen übersät, es gab Karikaturen, Portraits und Poesie, darunter »ein gutes Portrait des Fräulein Toutain, ausgeführt von Armand Gautier, eine Idylle von Stephen Baron und vielleicht etwas zu viele Entwürfe von Rozier«.

Ständig hatte die Familie Toutain Gäste, die später einmal in die Kunstgeschichte eingehen sollten: Die Maler Monet, Sisley, Boudin, Courbet und Daubigny suchten in ihrer Auberge Unterkunft und ließen sich den Cidre schmecken. Ganz nebenbei entstand hier die »Schule von Honfleur«, das »Bindeglied« zwischen der École de Barbizon und dem Impressionismus.

Sechs Jahre nach dem Brief von Boudin, 1865, wurde der Bauernhof verkauft. Der neue Besitzer, Monsieur Chasle, erlaubte Mutter Toutain gerade noch, alle Bilder mitzunehmen, die verarmte Künstler ihr als Pfand hinterlassen hatten. Vorbei war es mit dem Monat

Vollpension für 40 Francs. Chasle ließ das Dach neu decken und errichtete einen Pavillon mit Meerblick. Mutter Toutain ging, und mit ihr gingen die Kunstschaffenden. Sie zogen in die Nachbarorte Deauville, Trouville, Dieppe oder Étretat. Eines jedoch vergaßen die großen Künstler ihrer Zeit: Niemand hatte die alte Herberge gemalt. Kein Bild zeigt uns den Bauernhof von Mutter Toutain, wir kennen die Umgebung, die Nebengebäude, aber nicht die Auberge selbst, so wie sie von Boudin und Monet frequentiert wurde.

Die Herberge existiert heute noch unter dem Namen Ferme Saint-Siméon. Sie wirkt scheinbar original erhalten, mit viel Fachwerk, Ziegeldächern und engen Treppen. Doch mit ihrem heutigen Luxus ist sie den Vorstellungen eines Chasle wohl näher als dem Esprit von Mutter Toutain. Rund um den Speisesaal hängen Repliken der Werke einstiger Stammkunden, auch die Bäderanlage ist beeindruckend. Zeichnungen werden als Zahlungsmittel allerdings nicht mehr akzeptiert.

Die Kirche von St.-Vigor-le-Mieux – ein Japaner in der Normandie

Nachts kommt die winzige Kapelle dem Himmel ein Stück entgegen. Dann schimmert das Dach in leuchtendem Rot, kräftigem Blau, gleißendem Gelb oder strahlendem Weiß. Das Licht scheint mit den Ziegeln zu spielen, erleuchtet die Nacht über St.-Vigor-le-Mieux – und wer das Kirchlein nicht kennt, glaubt, dass sich gerade just in dem Moment hinter den fünf Jahrhunderte alten Mauern ein Wunder ereignen könnte.

Ein kleines Wunder geschah Ende der 1980er Jahre in dem Vierhundertseelendorf tatsächlich: Der japanische Künstler Kyoji Takubo entdeckte die vergessene Kapelle hinter einem verwunschenen Friedhof mit vom Wetter zerschlissenen Grabsteinen und einer riesigen, sechshundert Jahre alten Eibe vor dem Eingang. Liebe auf den ersten Blick. Mit Frau und Kindern zog Takubo in die Normandie, um sich fortan dem künstlerischem Aus- und Umbau der Chapelle-de-St.-Vigor zu widmen. Rund hundert Sponsoren hatte der Meister zuvor im Land der aufgehenden Sonne gefunden, darunter die Bosse von Toshiba und dem Kosmetikunternehmen Shiseido. Gut 1,5 Millionen Euro bewilligten die Wirtschaftsgrößen sofort, obwohl sie nur eine grobe Bleistiftzeichnung des Projekts gesehen hatten und St.-Vigor auf keiner in Japan erhältlichen Landkarte zu finden war.

Das allein war ein echtes Mirakel, dass Takubo selbst noch Jahre später nicht recht begreifen kann: »Das erste Kultursponsoring in Japan. Und niemand hat mich verpflichtet, für sein Unternehmen zu werben.« Aus reiner Dankbarkeit sind die großzügigen

Spender freilich auf der massiven Vordertür eingraviert, was die Pforte ein wenig wie ein Mahnmal der Gefallenen wirken lässt.

Die Normannen beäugten den Künstler zunächst misstrauisch. Doch Takubo entpuppte sich als behutsamer Perfektionist, ließ zunächst die Überlandleitungen für Telefon und Strom unter die Erde legen, weil sie die Silhouette seiner Kapelle stören könnten, kratzte dann eine dicke weiße Gipsschicht von den historischen Mauern, beschäftigte einheimische Handwerker für die Rekonstruktion des Dachstuhls, suchte zwischen Caen und Murano nach den richtigen Glasbläsern für seine transparenten Dachziegel. Und wenn am Wochenende ein Dorfbewohner die Türen der Kapelle öffnete, bemerkte er, dass das alte Gemäuer keineswegs geplündert oder verunstaltet wurde, sondern langsam eine neue, eigene Form annahm.

Geduld brauchten die Beobachter schon, denn Kyoji Takubo vertraut nie seiner ersten Inspiration, sondern spielt zuerst im Kopf, dann auf dem Zeichenbrett und schließlich im Modell alle erdenklichen Variationen seiner zukünftigen Werke durch. Im Keller seines Hauses und im Atelier stapeln sich die Entwürfe: Streifen, Zacken, Zeichnungen von Wiesenkräutern – fast alles war einmal für den Innenraum vorgesehen. Die erste Skizze zeigt einen postmodernen, schwarzen Bau mit Treibhausdach. Aber mit jedem Jahr, das Takubo in der Normandie verbrachte, wurden seine Entwürfe weicher, natürlicher, orientierten sich mehr und mehr an der landschaftlichen Umgebung. »Erst plane ich kompliziert, dann streiche ich alles Überflüssige. Im Grunde möchte ich meine Kapelle nur minimal verändern.«

Der Meister dekorierte den Innenraum mit Bildern von Äpfeln, Apfelbäumen und -blüten. Um die dreißigtausend Fotos von Apfelbäumen hatte Takubo zuvor studiert, hatte Stämme und Äste abgezeichnet und sogar einen Zweig zwecks Diskussion mit Kollegen zur Kunstmesse nach Bordeaux gesandt. Danach arbeitete er nach einer Methode, die wir alle schon als Kind kennengelernt haben: Unten liegen mehrere schwarze Farbschichten, dann folgen acht Anstriche in allen Farben des Regenbogens, gefolgt von einem strahlenden Weiß. Mit einem kleinen Spachtel wird die jeweils benötigte Farbe freigekratzt. Danach präsentierten sich die ersten Blüten so sensibel und filigran wie eine japanische Strichzeichnung aus dem 19. Jahrhundert. Die Einwohner von St.-Vigor waren bald stolz auf ihren Künstler, vergleichen ihn mit Matisse oder Le Corbusier, die beide (in Vence und Ronchamp) Sakralbauten gestalteten. Takubo selbst träumte schon vor seiner Abreise von einem weiteren Wunder: »Fünfhundert Jahre hat die Kapelle schon überdauert – wenn meine Arbeit nur dafür sorgen könnte, dass sie noch einmal ein halbes Jahrtausend stehen wird …«

Das planetarische Archiv – Bilder eines Visionärs

Ein blassbeiger Schimmer überzieht die Bilder. Die Patina von hundert Jahren dämpft den Glanz der Autochrome, der ersten Farbfotos nach einem Prozess der Brüder Lumière. Sie zeigen Paare aus den Niederlanden mit Holzschuhen, schnauzbärtige Franzosen in Scheunen, türkische Herren mit Turban und Dolch am Gürtel, Geishas in Tracht – eine Welt wie aus einem Abenteuerfilm. Ein wenig Sindbad der Seefahrer, eine Prise Madame Butterfly. Es ist der Schatz des französischen Bankiers Albert Kahn (1860–1940), die »Archive des Planeten« (*Archives de la Planète*): 72 000 Farbbilder, dazu 100 000 Meter Film, sorgsam gestapelt in Holzboxen, aufbewahrt in einem Nebenbau seiner ehemaligen Residenz im Pariser Vorort Boulogne-Billancourt.

Ein Fotoalbum der Superlative, eine Momentaufnahme der Zeit unserer Großväter. »Wir müssen Aspekte, Praktiken und menschliche Verhaltensweisen zeigen, deren endgültiges Verschwinden nur eine Frage der Zeit sein kann«, so Kahns Devise. Eine Einsicht, die ihm auf seinen eigenen Reisen gekommen sein muss.

Der Millionär zählte zu den Wegbereitern einer globalisierten Welt. Sein Vermögen machte der mittellose Angestellte der Pariser Goudchaux-Bank 1888 durch

Spekulationsgeschäfte mit Gold und Diamanten aus Südafrika. Elf Jahre später war er stiller Teilhaber des japanischen Bankhauses Daiichi. Kurz zuvor hatte er begonnen, mit den *Bourses autour du Monde* Reisen von jungen Talenten, heute würde man sie High Potentials nennen, zu sponsern. Und 1908 beginnt er mit einer eigenen Weltreise. Dabei entstanden erste Fotos fremder Kulturen, aufgenommen von seinem Chauffeur, der vor Antritt der Reise drei Wochen lang im Umgang mit Profikameras geschult wurde.

Mit einem japanischen Politiker schwärmte er von der »Vereinigung der Welt«, vom »Zerstören von Rassen- und Religionsschranken«, nach Möglichkeit in den kommenden fünfzig Jahren. Unterwegs schätzte er Komfort. »Reisen Sie immer wie ein reicher Mann, immer erster Klasse«, riet er Freunden von der Börse. »Steigen Sie in den besten Hotels ab. Diese Monate großen Komforts werden dazu beitragen, Ihren Charakter zu prägen.« Trotzdem schreckte er nicht vor neun Stunden Fußmarsch im Schnee Chinas zurück, um Gräber aus der Ming-Dynastie zu besichtigen. Sein Aufenthalt in der ersten Klasse hielt ihn – anders als seine Zeitgenossen – nie davon ab, sich für die dritte Klasse zu interessieren. Während einer Pazifiküberfahrt beobachtete er Glücksspiele chinesischer Auswanderer, die er als »interessante Szenen« kommentierte.

Kahn hatte durch seine Reisen und Geschäfte begriffen, dass die Welt im Wandel war. Hatte erlebt, wie diese Entwicklung immer schneller wurde. Jules Vernes Roman »In achtzig Tagen um die Welt« (»Le tour du monde en quatre-vingts jours«) war da schon 40 Jahre alt. Gereist wurde mit Schiffen und Eisenbahnen, die ersten Autochrome existierten seit 1907, die Techniken des Films entwickelten sich rasant. Die Reisefotografie jedoch war erst im Entstehen begriffen. Es gab den Reiseführer Baedeker, aktuelle Ereignisse hielt man mit Kameras fest. Doch für eine systematische Dokumentation fremder Länder fehlte die Erfahrung. Projektleiter Jean Brunhes erarbeitete die Briefings am Pariser Schreibtisch. Im Mittelpunkt standen fortan nicht etwa exotische Landschaften, sondern der Mensch und sein Einfluss auf die Umgebung. Wie wohnt man in fernen Ländern? Wie kleidet sich die Bevölkerung? Wie lebt und arbeitet man? Wovon ernähren sich die Leute? Und: Gibt es Zeichen staatlicher Macht und Ordnung in den Städten?

Ab 1913 reisten Kahns Fotografen rund um die Welt, in mehr als vierzig Länder. Die weitaus meisten Bilder zeigen Landschaften, Architektur und Szenen aus dem Alltagsleben. Brunhes achtete darauf, dass Bilder noch vor Ort mit Tag, Monat, Stunde, Ort und Motiv beschriftet wurden. Kahn mahnte seine Fotografen, auf Details zu achten, ohne das große Ganze aus den Augen zu verlieren: »Man kann nur fotografieren, was man sehen möchte.«

Die letzten der fragilen Autochrome, eigentlich Glasplatten mit gefärbter Kartoffelstärke, werden 1931 in Boulogne-Billancourt archiviert. Der Börsencrash von 1929 in den USA wirkte sich auch in Frankreich aus, die Übersicht über sein weitverzweigtes Imperium mit einer Bank, verschiedensten Gesellschaften und Immobilien ging dem genialen Geschäftsmann Kahn verloren. Seine Häuser wurden mit Hypotheken belegt. Die Welt war noch lange nicht durchfotografiert, Nordamerika und Russland fehlten fast vollständig, doch die wirtschaftliche Lage zwang ihn, die »Archive des Planeten« vorerst zu schließen.

Kahn starb neun Jahre später in bitterer Armut: »Ich bin viel gereist«, sagte er 1938, »was ich suchte, war der Weg des Lebens und die Funktionsprinzipien des Universums.« Kahn hatte keine Familie. Die Erben der Archive sind wir.

La Colombe d'Or – ein Kunstwerk für sich

»Es war wie ein Blitzschlag! Gerade noch fütterte ich die Tauben auf der Terrasse, da fühlte ich, wie er mich betrachtet. Er ist da, am anderen Ende der Terrasse. Und als er mir entgegengeht, weiß ich, er ist es. Aber ich tue so, als wüsste ich nichts.« Simone Signoret war an diesem Augusttag 1949 wie eine heißblütige Zigeunerin gekleidet, mit nackten Füßen und kirschroten Lippen. Und vor ihr stand jetzt, beim Taubenfüttern in der Colombe d'Or, der Mann ihres Lebens: Chansonnier Yves Montand. Die beiden wechseln vielleicht zehn Worte. Noch am selben Abend verlässt Signoret ihren Mann.

Zwei Jahre später wird Hochzeit gefeiert, natürlich im Schicksalshotel »Goldene Taube« an der malerischen Côte d'Azur. Paul Roux, der Inhaber des Hauses, ließ lachend Dutzende weißer Täubchen gen Himmel steigen. Eins davon landete sanft auf Simone Signorets blondem Haar.

Die Liebe hielt ein ganzes Leben.

»Ins ›La Colombe‹ kommt man zu Fuß, zu Pferd oder mit der Staffelei.« So lautet frei übersetzt die Inschrift auf dem Schild, das Eigentümer Paul Roux 1931 an seinem Hotel montieren ließ. Früher hatte er die simple Schankwirtschaft »Chez Robinson« betrieben, doch seine Frau Baptistitine, kurz Titine genannt, und sein Sohn Francis fühlten sich vom permanenten Grölen der Betrunkenen gestört. Jetzt aber hatte er eine neue Geschäftsidee für die »Goldene Taube«. Mehr und mehr Künstler zog es in die Provence. Denen bot Roux seine drei Zimmerchen gegen Bilder an. Vielleicht hatte er mal geplant, die Gemälde zu verkaufen. Tatsächlich sammelte er sie. Stundenlang betrachtete Roux seine Kunstwerke mit

nachdenklichem Blick, während im Hotel Mangel-
wirtschaft herrschte. Wein wurde in dickwandigen
Krügen serviert, Olivenölfilter machte Roux zu Lampen. Abends diskutierte er mit »seinen« Künstlern,
nach Art des Südens – mit Händen, Füßen und großen Worten. Paul Roux war fasziniert von den jungen
Avantgardisten. Fast schien es, als sei er selbst auf der
Suche nach dem Wesen der Kunst, nach dem Funken
Genialität in einigen der Werke.

Ein Gast kam weder zu Fuß noch zu Pferd oder mit
Staffelei. Der betagte Maler Matisse reiste mit einer
Limousine aus dem nahen Nizza an.

Er bezog kein Zimmer, bat Paul Roux jedoch, mit
ihm eine Tasse Tee zu trinken. Ein Ritterschlag! Der
»Aubergiste«, der einst Quartalstrinker bewirtete,
war jetzt Mitglied des Kulturbetriebes.

Braque, Léger, Miró und Chagall verewigten sich
im Gästebuch, ließen sich Huhn mit Thymian schmecken. Und sie bezahlten mit dem, was sie hatten: ihren
Bildern, entstanden auf der Suche nach dem Licht des
Südens. Roux diskutierte bei Tisch mit Aimé Maeght,
der später eine Stiftung moderner Kunst gründete.

Natürlich fand auch ein illustrer Nachbar den Weg
in die Colombe. Picasso kam meist in Sandalen. Ein-
mal lud er Francis, den Sohn des Hoteliers, in sein
Atelier, bat ihn, ein Gemälde als Geschenk für seine
Familie auszusuchen, irgendeins. Francis nahm das
Angebot an, das Werk schmückt heute noch eine

Wand. Der Maler Calder sandte nach jedem Aufenthalt ein Bild an Familie Roux. Eines trug als Motiv einen weißen Vogel. Nun waren auch die Wände der Colombe weiß, wo sollte man das Werk bloß hinhängen? Francis Ehefrau Yvonne wusste Rat und strich das Federtier kurzerhand rot an. Mit altem Stein aus einer Schlossruine erweiterte Familie Roux die Auberge.

Als Paul Roux 1953 starb, trat auch Picasso demonstrativ an den Sarg und neigte den Kopf. Der Freund und Förderer der Künstler war nicht mehr.

Neben den Malern kamen mit wachsendem Ruf auch die Schauspieler: Orson Welles, Paul Newman, Tony Curtis, Sophia Loren, David Niven … und eben Simone Signoret und Yves Montand. Die junge Brigitte Bardot planschte im Schwimmbecken, und alle Gäste blickten ihr nach, wenn sie die blonde Mähne nach einem Sprung ins Schwimmbecken schüttelte. Einmal begann der Fiskus, die Konten von Francis Roux zu durchforsten. Die guten Gäste der Colombe konnten das nicht auf sich sitzen lassen. »Mein Konto ist dein Konto«, erklärte Kino-Raubein Lino Ventura »seinem« Hotelier. Auf gut Deutsch: »Egal was kommt, ich helfe dir.«

Manche Actrice kam mit einem Gast und ging mit einem anderen. Das Haus erwarb einen Ruf als schickstes Bordell des Südens. Bildhauer César wohnte weiterhin gratis in Saint-Paul-de-Vence. »Künstler zahlen hier nie«, sagte er und erregte mit der Zeit die Eifersucht seines Rivalen Arman: »Ja, du sammelst César«, schimpfte er gegenüber Francis Roux. »Aber von mir hast du nichts Schönes im Haus!« Der Bildhauer und Maler kaufte eines seiner eigenen Werke im Auktionshaus Sothebys zurück, um es der Colombe zu schenken.

Die Zeit verging, Moden und Moralvorstellungen wechselten. Heutige Bankiers würden Paul Roux' Geschäftsmodell für blauäugig und naiv erklären. Eine Naivität, die seine Familie unschätzbar reich gemacht hat. Inzwischen leitet Enkel François die goldene Taube. Und noch immer kommen die Berühmtheiten, um das Haus kennenzulernen, noch immer wächst die Kunstsammlung der Familie Roux. Und ab und zu steigen weiße Tauben gen Himmel. Wenn wieder mal Hochzeit gefeiert wird.

Musikalisches

Die erfolgreichsten Sänger ...
(aus Sicht des Finanzamts)

Keine Spur von Charles Aznavour. Geht es um das Einkommen, haben andere den mittlerweile über neunzigjährigen Chansonnier abgehängt.

Die Einkommens-Top 10:

1. Mylène Farmer: 4,7 Millionen Euro
2. Maître Gims 3,1 Millionen Euro
3. Johnny Hallyday: 3 Millionen Euro
4. Zaz: 2,9 Millionen Euro
5. Thomas Bangalter (die Hälfte von Daft Punk): 2,4 Millionen Euro
6. Guy-Manuel de Homem-Christo (die andere Hälfte): 2,4 Millionen Euro
7. Florent Pagny: 2,3 Millionen Euro
8. Christophe Maé: 2,2 Millionen Euro
9. Pascal Obispo: 1,8 Millionen Euro

10. Emmanuel Moire: 1,5 Millionen Euro*

Lieblingssänger

- Jean-Jacques Goldman, *1951 (33,6 %)
- Jacques Brel, 1929–1978 (24,4 %)
- Georges Brassens, (1921–1981) (16,5 %)

Goldman und Brel siegen sowohl bei Männern als auch bei Frauen und räumen außerdem in den Altersgruppen 18–34 und 35–64 den Sieg ab. Franzosen über 65 Jahren favorisieren hingegen Brel, gefolgt von Brassens, Ferrat und Aznavour.

Lieblingssängerinnen

- Edith Piaf, 1915–1963 (26,6 %)
- Barbara, 1930–1997 (22,5 %)
- Céline Dion, *1968 (20,8 %)

Hier unterscheiden sich die Favoriten der Franzosen je nach Alter und Geschlecht doch beträchtlich: Männer platzieren Mylène Farmer auf Nummer zwei, bei den Frauen tauschen Piaf und Barbara die Plätze. Edith Piaf ist für 18- bis 34-Jährige und für Über-64-Jährige die absolute Nummer eins. Die Altersgruppe

* Challenges

35–64 hingegen hält Mylène Farmer die Treue und setzt Edith Piaf nur auf Platz vier. Auf Platz drei bei den 18- bis 34-Jährigen steht Zazie, Jahrgang 1964 (nicht zu verwechseln mit ihrer Kollegin Zaz).*

Lieblingslieder

- »Mistral gagnant«, Renaud (25,7 %)
- »Ne me quitte pas«, Jacques Brel (25,2 %)
- »L'aigle noir«, Barbara (22,5 %)
- »Les lacs du Connemara«, Michel Sardou (21,6 %)
- »Là-bas«, Jean-Jacques Goldman (20,8 %)
- »La montagne«, Jean Ferrat (18,5 %)

* BVA Umfrage 2015

Sportliches

Nationalsport Rugby

Die Zahlen lassen keine Zweifel aufkommen: 62 Prozent der Franzosen lieben Rugby. Nur 33 Prozent ziehen Fußball dem Rugby vor. Und insgesamt sagen 91 Prozent der Franzosen, Rugby habe ein besseres Image als Fußball.

Aber: Ein Spiel der Ersten Liga (Fußball) zieht im Schnitt 19 262 Zuschauer ins Stadion, während sich die Top 14 des Rugby mit 13 167 Zuschauern zufriedengeben müssen

Die wichtigsten Rugbyclubs
- Sporting Union Agen Lot-et-Garonne
- Union Bordeaux-Bègles
- Club Athlétique Brive Corrèze Limousin
- Castres Olympique
- ASM Clermont Auvergne
- F.C. Grenoble Rugby
- Atlantique Stade Rochelais

- Montpellier Hérault Rugby
- Union Sportive Oyonnax Rugby
- Stade Français Paris
- Section Paloise Béarn Pyrénées
- Racing 92 (aus Plessis-Robinson im Département 92 im Pariser Westen)
- Rugby Club Toulonnais
- Stade Toulousain

Der Blick auf die geographische Verteilung der Top 14 zeigt: Rugby ist der Lieblingssport des französischen Südwestens.

Auch der Philosoph Michel Serres, 1930 in Agen geboren, schwärmte von seinem heimischen Rugby-Club: »Seht sie spielen. Meine Worte, das ist der Kampf der Gallier gegen die Römer. Sie spielen stolz, sie spielen romantisch. Ich möchte schreiben können, wie sie spielen.«

Der populärste Rugbyspieler

war und ist wahrscheinlich Sébastien Chabal. Der 1,92 Meter große und 113 Kilo schwere (bei 8 Prozent Körperfett) Rugbystar wurde 1977 in Valence geboren. Die Franzosen bestach er nicht nur durch seine sportlichen Erfolge bei Bourgoin-Jallieu, den Sale Sharks, Racing Métro, Balmain Wolves und Lyon OU, sondern auch durch seinen »Höhlenmenschen-Look«. Fans verliehen ihm Beinamen wie »L'anesthésiste«, »L'animal«, »Attila«, »Cartouche«, »Hannibal Lecter« oder »Caveman«, »The French beast«. »Als ich anfing in England zu spielen, sprach ich nicht genug Englisch, um zum Friseur zu gehen«, erklärte der Spieler einmal, »außerdem bin ich nicht mutig genug, mich morgens zu rasieren.«

Chabal bewarb Parfums, Seat-Automobile, die Versicherung Smatis, etliche weitere Unternehmen und gründet seine eigene Marke für Sportbekleidung: Ruckfield. Im Jahr 2007 wird er zum bestbezahltesten französischen Rugbyspieler: Zum Jahresgehalt von 300 000 Euro kommen 120 000 Euro Prämien der Nationalmannschaft und 200 000 aus Werbeverträgen. Zwischen 2007 und 2011 soll er jährlich eine gute Million mit Werbeverträgen verdient haben. Ein Vermögen für Rugbyspieler – aber recht wenig im Vergleich etwa zu Fußball und Tennis. Chabal beendete seine Karriere 2014. Seine Statue steht im Wachsfigurenmuseum Grévin.

Boxe française –
mit Fäusten und Füßen

»Boxe française« oder »Savate« heißt die französische Abart des klassischen Boxens. Um 1830 herum hatte ein gewisser Charles Lecour die Idee, dass man außer mit den Fäusten auch mit den Füßen zuschlagen könnte. »Boxe française« wird schnell zum Nationalsport, um die Jahrhundertwende bekommen Schüler und Soldaten Pflichtkurse. Heute trainieren um die 20 000 Franzosen regelmäßig »Boxe française«, messen sich in eigenen Europa- und Weltmeisterschaften und verweisen voller Stolz auf ihre prominenten Sportkameraden Alexandre Dumas und Ernest Hemingway.

Faire la canne – Kämpfer mit Stock

Den Hieb, der auf seine Beine zielt, sieht Michel gerade noch kommen. Mit einem Luftsprung und einer schnellen Drehung weicht er aus, treibt jetzt selbst den Gegner mit einer Serie schneller Schläge in die Defensive. Eine falsche Parade und der andere kassiert einen Kopftreffer, weicht zurück und versucht zögernd, Michel mit seiner Waffe auf Armlänge zu halten …

Kein Mantel- und Degen-Film mit Errol Flynn in der Hauptrolle, kein Duell im Morgengrauen auf den Pariser Champs-de-Mars des 17. Jahrhunderts, sondern eine ganz normale Trainingsstunde in einer kargen Gymnastikhalle in La-Ferté-sous-Jouarre, 50 km westlich von der französischen Hauptstadt: Statt wehender Pelerine tragen die beiden Kontrahenten dann auch dickwattierte Hosen, Jacken und Handschuhe sowie eine gefütterte Fechtmaske. Michel und sein Gegner *font la canne* – wörtlich übersetzt: »Sie machen den Stock«, einen Sport, der in Frankreich Tradition hat. Großvaters Gehhilfe wird in den Händen der 3500 französischen »Canne-Kombattanten« zur schlagkräftigen Waffe – denn »Canne« ist Stockfechten ähnlich wie bei den drei Musketieren, wenn sie wieder mal Richelieus Garden gegenüberstehen: Florett oder Degen ersetzt ein 95 Zentimeter langer und 125 Gramm leichter Stab aus Kastanienholz, im Unterschied zum klassischen Fechten geht es nicht nur vor und zurück, man bewegt sich in einem Kreis von sechs Metern Durchmesser. Drei weitere Meter sind neutrale Zone, in der nicht geschlagen werden darf. Innerhalb des ersten Kreises ist vieles erlaubt. Canne-Kämpfer dürfen springen, grätschen, abwechselnd den Stock mit der linken oder rechten Hand führen oder sogar ihre Waffe von der einen in die andere Hand werfen. Geschlagen wird mit dem unteren Drittel der »Canne« auf Kopf, Flanken oder Unterschenkel, strikt verboten sind stoßen und stechen. Jeder neue Hieb muss, für den Gegner erkennbar, mit Schwung aus Arm und Handgelenk kommen, bei Treffern wird nicht angehalten, sondern weitergefochten.

»Beim Canne gibt es gerade mal sechs Basistechniken«, erläutert Michel, Kämpfer aus La Ferté und Mitglied des *Comité national de Canne de combat*« – des nationalen Canne-Verbandes, »aber diese sechs Techniken kann man vielfältig kombinieren. Die unendlichen Möglichkeiten der Abfolge von Finten, Riposten und Paraden machen den Sport so interessant.« Der 48-Jährige hat es in 12 Jahren Training mit dem Stock zum anerkannten Canne-Lehrer gebracht. »Canne gibt Selbstkontrolle und eine feine Muskelstruktur«, wohl deshalb schätzen seine Schüler ihren trainierten Ausbilder gut zehn Jahre jünger ein.

»Mich erinnert Canne an Karate. Der Respekt vor dem Gegner ist der gleiche, einige Bewegungsabläufe sind verwandt, aber Karate ist technischer, während Canne nobler ist: In Frankreich kämpfen die führenden Klassen seit Jahrhunderten auf Distanz – ohne Körperkontakt.«

Auch im Frankreich von heute fühlen sich vorwiegend Gebildete und Gutverdienende vom Kampf mit dem Stock angezogen: Der durchschnittliche Canne-Sportler ist 25 Jahre alt, männlich (nur 20 Prozent sind Frauen) und Student oder leitender Angestellter – Arbeiter (8 Prozent), Armeeangehörige (8 Prozent) und Einzelhändler (4 Prozent) stellen die Minderheiten im Corps der Canne-Kämpfer.

Die Stockschwinger möchten sich von den Massensportlern mit ihren Fahrrädern, Fußbällen und Joggingschuhen abheben und suchen – für die vergleichsweise patriotischen Franzosen besonders wichtig – nach einer einheimischen Alternative zum reaktionsschnellen asiatischen Kampfsport.

Canne-Sportler sehen sich in der Tradition römischer Gladiatoren, die mit dem Stock trainierten, mittelalterlicher Bauern und umherziehender Handwerksgesellen, deren einzige Waffe oftmals ihr Wanderstab war, und eleganter Dandys des 18. Jahrhunderts, die ihre feingeschnitzten Stöcke, wenn es sein musste, auch schon mal zur Selbstverteidigung nutzten. Erst im 19. Jahrhundert verwandelte sich Canne von reiner Prügeltechnik in eleganten Sport. Ein gewisser Lebucher schrieb 1843 ein Buch mit dem Titel »Théorie pour apprendre à tirer la canne en 25 leçons« (dt.: Eine Anleitung zum Umgang mit dem Stock in 25 Lektionen). Joseph Charlemont, gefürchteter Meister des Boxe française, verfeinert in seinem Werk »L'art de la Boxe française et de la Canne« (dt.: Die Kunst des französischen Boxens und des Stocks) von 1899 die Technik und rät zum ersten Mal zum Körperschutz. »Obwohl Canne bis 1914 sogar zur Militärausbildung gehörte, geriet es in unseren Tagen in Vergessenheit und lebte erst Ende der 1970er Jahre wieder auf. Der Sport war in den Medien stets wenig präsent – vielleicht auch, weil unsere Methoden aus einer ganz anderen Zeit stammen«, bedauert Michel. »Aber seit zehn Jahren haben wir Erfolg. Sogar Schauspieler aus der Schule von Marcel Marceau waren schon bei uns, um neue Ideen für ihre Choreographien zu entwickeln. Es gibt regionale und nationale Wettbewerbe, Kämpfer in Belgien, den USA, Russland und England trainieren inzwischen Canne.«

Wenn die erfolgreichsten Fechter den Stock in die Hand nehmen, fühlen sich Zuschauer in die Zeit Cyrano de Bergeracs versetzt. In den zweieinhalb Minuten, die eine Canne-Runde für Erwachsene dauert, kommen die drei Richter mit dem Trefferzählen kaum nach. Canne-Sportler attackieren, springen, gehen bei Ausfällen tief in die Knie, um die Unterschenkel des Gegenübers zu treffen, lassen die Canne über ihre Schulter von der rechten in die linke Hand gleiten. »Drei bis fünf Jahre muss man trainieren, viermal in der Woche, um ein wirklich guter Kämpfer zu werden«, erklärt Michel. Und: »Beim Fechten würde ich mich langweilen. Canne ist einfach eleganter und actionreicher.« Fehlt nur noch, dass die Fechter wie Cyrano de Bergerac im gleichnamigen Stück von Edmond Rostand während des Kampfes Verse deklamieren: »Beichte schnell / Wo ist ein Pfaffe? / Deinen Widerstand zerbrech ich: / Finte! Quart! Da hast du's, Laffe! / Denn beim letzten Verse stech ich …«

Course Landaise – das Band der Kuh

Bei den Courses Landaises muss kein Rind um sein Leben fürchten: keine Piken, keine Banderillen, keine Toreros mit stolzgeschwellter Brust. Stattdessen jagt eine Handvoll junger Leute ein Band oder eine Kokarde, die sich zwischen den Hörnern einer Kuh befindet. Sieger ist, wer dem Tier als Erster das Band entreißt. Dabei kann die Kuh ihre menschlichen Gegner schon mal flott durch die Arena scheuchen: Die *vaches landaises* sind zwar kleiner und magerer als ein richtiger Stier, aber wesentlich wendiger und schneller. Unfälle sind trotzdem selten, schließlich werden die Kuhhörner meist mit Kugeln abgestumpft. Einige der spektakulärsten Courses Landaises bekommt man während der Fêtes de la Madeleine in der zweiten Julihälfte in Mont de Marsan, 123 Kilometer südwestlich von Bordeaux, zu Gesicht.

Le Surf – die perfekte Welle

Alles begann im Biarritz der 1950er Jahre. Einige Studenten hatten in den Vereinigten Staaten das Surfen kennengelernt und brachten es nach Biarritz, wo sie einen Spot, eine Stelle mit surfbaren Wellen, entdeckt hatten.

Wer heute Mitte August in Lacanau campen oder schlafen möchte, sollte sechs Monate im Voraus reservieren. Lacanau ist die französische Etappe der Surfweltmeisterschaften – und nach Meinung einiger Profis eine der schönsten.

Von der Pointe du Verdon bis zur Bucht von Chingoudy in Hendaye bietet die Atlantikküste rund 270 Kilometer Strand. Der Golf der Gascogne sorgt für ansehnliche Wellen, wer es etwas ruhiger angehen lassen möchte, kann auf zahlreichen kleinen Seen seinem Lieblingssport frönen. Letzterer ist in der Region inzwischen zu einem echten Rivalen für die beiden traditionellen Jugend-Favoriten Rugby und Fußball geworden. Schon mit sechs Jahren stehen die Bordeleser auf den Brettern, die für manche die Welt bedeuten; die Initiation vollzieht sich oft im Sportzentrum Base de Bombannes am See von Maubuisson. Wer dem Surfen nichts abgewinnen kann, mietet hier ein Kajak oder macht sich mit dem Bodyboard, auf dem man mehr liegt als steht, vertraut.

Die beste Zeit für Surfer ist im September und Oktober, wenn Wind und Wellen am höchsten und heftigsten sind.

Wer im Baskenland als »ganzer Mann« gelten will, tritt bei den Force Basque an. Ein absurdes Spektakel, bei dem nichts anderes als rohe Kraft zählt. Acht traditionelle Wettbewerbe stehen auf dem Programm: Das *Soka-tira* ist nichts anderes als Tauziehen mit acht Mann an jedem Tauende. Beim *Untziketariak* muss man so weit wie möglich mit einem 40-Kilo-Gewicht in jeder Hand laufen. Für das *Zaku Lasterka* haben die Basken den Staffellauf leicht abgewandelt: Statt eines Stabes überreicht man den Mitläufern einen Maissack von 85 Kilo. Beim *Arpanariak* müssen die Teilnehmer 10 Baumstämme mit 60 bis 75 Zentimeter Durchmesser so schnell wie möglich zersägen und bei der Wagenprobe *Orga Joko* einen Karren von 350 Kilo an seiner Deichsel drehen. Wer bis jetzt noch nicht ins Schwitzen gekommen ist, zerhackt beim *Aizkolariak* einige Baumstämme mit einem Durchmesser von 35 bis 60 Zentimetern zu Kleinholz oder hebt beim *Lasto Altxatzea* mit einem über eine Rolle geführten Seil einen Strohballen von 45 Kilo in zwei Minuten so oft wie möglich acht Meter hoch. Finale Probe für die Kraftmeier der baskischen Dörfer ist das *Harri Altxatzea*, das Steinheben, das es gleich in zwei Varianten gibt: Entweder man hebt einen Stein von 250 bis 300 Kilo in vier Minuten so oft wie möglich hoch, oder man lässt einen runden Hundertkilobrocken so oft wie möglich auf seinen Schultern um seinen Hals kreisen.

Boule und Pelota

Kein Spiel ist französischer: Ob im Pariser Bois de Boulogne oder vor dem kleinen Café am Ortseingang von St.-Paul-de-Vence – überall wird Boule gespielt. Wer gewinnen will, muss seine Kugel so nahe wie möglich am Ziel, einer Schweinchen (*cochonnet*) genannten kleinen Kugel, platzieren. Profis unterscheiden Boule Lyonnaise, Pétanque und Jeu provençal, die wesentlichen Unterschiede liegen in der Größe des Spielfelds und dem Gewicht der Kugeln.

Und was dem Franzosen die ruhige Kugel des Boulespiels, ist dem Basken seine Pelote – eben ein echter Nationalsport! Eine Partei schlägt den Ball mit der *Chistera*, einem schnabelartigen Schläger, an die Mauer, *Fronton* genannt, die andere Partei fängt und spielt zurück. Beim Spiel unterscheiden sich die Mannschaften durch ihre Farben – nicht durch die Trikots, die sind alle weiß, sondern durch blaue oder rote Gürtel. Der geschlagene Ball erreicht Geschwindigkeiten zwischen 200 und 300 km/h.

Kulinarisches

Das große Fressen – die Brasserien

»Zu Lipp's war es nicht weit, und jedes Lokal, an dem ich vorbeikam, das mein Magen ebenso schnell bemerkte wie meine Augen und meine Nase, machten den Weg zu etwas Besonderem und vergrößerte das Vergnügen«, so beschrieb Ernest Hemingway den Gang zu seiner Lieblingsbrasserie Lipp in Paris. Da saß er dann, zwischen den bunt kolorierten Fayencen von Léon Fargue, bestellte ein, zwei, drei Bier und dazu vielleicht Sauerkraut. Niemand hat gezählt, wie viel Romanideen bei Lipp ausgeheckt wurden, wie viel politische Intrigen zwischen Salaten und Seezunge Müllerin gesponnen wurden. Ein paar Dutzend werden es schon gewesen sein: Paul Verlaine, Marcel Proust, André Gide, Antoine de Saint-Exupéry, Albert Camus und André Malraux waren die Literaten unter den Stammgästen. Léon Blum, Georges Pompidou, Valéry Giscard d'Estaing, François Mitterrand und Jacques Chirac die Politiker. Es soll sogar Pariser geben, die nicht wegen des Essens in die ehrwürdige Brasserie von 1880 streben. Die Sitzordnung im Saal gilt als Spiegel des Platzes innerhalb der Pariser Gesellschaft: Wer im ersten Saal des Erdgeschosses links oder rechts an der Wand (nach Möglichkeit rechts, nahe am Heizkörper) Platz nimmt, zählt in der Hauptstadt wirklich was.

Jede größere Stadt in Frankreich kennt einen Ort wie Lipp. Ein Lokal, das sieben Tage in der Woche für Leib und Seele seiner Kundschaft zu Diensten ist. Ursprünglich waren die Brasserien den ganz einfachen Genüssen gewidmet. Vom Wortsinn her Brauereien, standen Bier und Wurst im Mittelpunkt des Angebots. Die ersten »Patrons« waren meist Elsässer und Lothringer, nicht wenige waren nach dem Krieg von 1870 in die französische Hauptstadt geflüchtet. Inzwischen sind die Hauptrollen des Genres klar definiert: Da gibt es das Steak Tartare, rohes Rindfleisch, selbst abgeschmeckt mit Ketchup, Worcestersauce oder Senf. Den Schweinsfuß, das Choucroute, üppige Berge Sauerkraut, dekoriert mit deftigen Würsten, geschmortes Rindfleisch mit Karotten oder Rinderfilet mit Fritten. *Et bien évidemment les fruits de mer*, üppige Meeresfrüchteplatten mit Austern, Garnelen, Taschenkrebsen, Wellhornschnecken und vielem anderen mehr, kunstvoll aufgeschichtet in zwei- bis dreistöckigen Metallpyramiden. Dazu gibt es Brot, Butter und meist eine Sauce aus zwei Esslöffel Rotweinessig, 80–100 Gramm fein gehackten Schalotten sowie einem halben Teelöffel grob gemahlenen Pfeffer. Letztere liefert gleich den ersten Gesprächsstoff: Mit oder ohne Sauce, das ist bei Austern die Frage. Puristen ist der Mix ein Gräuel, schon 1920 erkannte die *Association des gastronomes régionalistes*, dass sich diese Sauce vor allem an Menschen richtet, die »Austern mögen, ohne aber wahre Austernliebhaber zu sein«. Letztere wollen ihre Meerestiere nämlich so pur, frisch und roh wie möglich genießen.

Einige dieser Austerntempel wurden schnell zu Stadtlegenden. Bofinger etwa, ein Lokal nahe der Bastille, das 1864 vom Elsässer Frédéric Bofinger gegründet worden ist. Die riesige Glaskuppel, 1919 in schönstem Jugendstil erbaut, die vielen Spiegel, der Bronzeschmuck – das alles begeistert auch heute noch.

Oder die Brasserie Flo in einer schummrigen Gasse des zehnten Bezirks. Wer den Weg auf sich nimmt, wird von einem Schild »Ici bonne table und bons vins« (»Hier gute Küche und gute Weine«) und einem authentischen Brasserieinterieur mit Fresken, Spiegeln und allem, was dazugehört, begrüßt. Seit 1886 gab es hier eine Elsässer Bierhalle, die 1909 von einem gewissen Floderer übernommen wurde – daher Flo.

Oder La Coupole: Allein in der Eröffnungsnacht am 20. Dezember 1927 rauschten 1200 Flaschen Mumm-Champagner die durstigen Kehlen herunter, später gingen Marc Chagall, Ernest Hemingway, Man Ray, Josephine Baker, Henry Miller, Simone de Beauvoir, Colette, Picasso und Georges Simenon hier ein und aus.

Und natürlich »Le Train bleu«, das einzige Bahnhofslokal, das von einem Präsidenten eingeweiht worden ist. Der »blaue Zug« wurde am 7. April 1901 von Emile Loubet, Président de la Republique, eröffnet. Nun ist der »Le Train bleu« kein Bahnhofsrestaurant, wo man die Bockwurst mit Senf eigenhändig an den Resopaltisch trägt, er ist ein Monument der Belle-Époque: Das Auge verirrt sich förmlich zwischen Blattgold, schweren Samtvorhängen, prachtvollen Leuchtern und Fresken. Letztere repräsentieren Paris, Lyon und Marseille, die Stationen der damaligen Eisenbahnlinie ebenso wie die Regionen *alpes* und *midi* (Mittelfrankreich) und die Länder Tunesien und Algerien. Rund 30 Künstler haben zeitweise an den Deckengemälden gearbeitet, schließlich war die Bauzeit mehr als knapp bemessen. Die Weltausstellung, die Riviera, den See von Annecy – sicher gerieten die frühen Reisenden hier schon beim Essen ins Träumen. Im Saal mit dem Amphitheater von Orange kann man Sarah Bernhardt unter ihrem Regenschirm bewundern.

In Paris verfügt jede dritte Straßenecke über ihre Brasserie, in der Provinz gibt es meist ein oder zwei bekannte Adressen, in der seit Jahrzehnten Massen aller Klassen flott bedient werden: Eine der schönsten

Brasserien der Grande Nation ist La Cigale in Nantes: eine Institution von 1895, ein Denkmal in Art nouveau, das regelmäßig als Filmkulisse eingesetzt wird. Erstmalig 1961 in »Lola« von Jacques Demy. Auch hier gilt: Die meisten Gäste kommen für die Austernplatten. Hier wird man zu jeder Tageszeit lecker satt, denn La Cigale serviert täglich zwischen 7h30 und 0h30.

Zu den echten Institutionen zählt auch das »Deux garçons« auf der Flaniermeile Cours Mirabeau in Aix en Provence. Cézanne war Stammgast, auch Churchill und Picasso saßen hier gern zu Tisch. Wie in der Provence üblich, gibt es freitags natürlich das traditionelle Aioli, einen Fisch mit Gemüse und Knoblauchmayonnaise.

In Amiens ist das »Jules« beliebt und bekannt: Vorbild für das 1990 eröffnete Haus waren die großen Pariser Brasserien, auch hier sind die Meeresfrüchte der Star: »Stern des Südens«, »Invasion des Meeres« oder »Goldener Vulkan« haben die Eigner ihre Ensembles aus Krebsen und Krevetten genannt. Wie in vielen Brasserien wird hier penibel nachgezählt, was den Gästen schmeckt. Glaubt man an solche Hitlisten, muss als Dessert der Apfelkuchen gekostet werden. Der nämlich wird pro Monat fast 2500-mal serviert, während die Nummer zwei, die Crème brûlée, nur auf 1900 Liebhaber kommt.

Im »Flore« in Lille setzt man auf eine Mischung

aus Tradition und Moderne. Hier gibt es noch Potje Vlesch, den Eintopf des Nordens, oder Carbonnade flamande, eine Mischung aus Rind, Zwiebeln und Bier. Oder ein 380-Gramm-Steak mit Markknochen. Nicht ganz so schick, aber urig, authentisch und immer gut besucht ist das »La Ducasse« im Hallenviertel. Damit ist nicht der französische Spitzenkoch gleichen Namens gemeint, im Dialekt des Nordens ist die Ducasse ein Volksfest. Auf die Tische kommen Waterzoi, Eintöpfe, Markknochen und viele Gerichte mit nordischem Zungenschlag. Schilder und gelbstichige Fotos künden von Alt-Lille.

Das Excelsior in Nancy hingegen ist ein wahres Museum des Kunsthandwerks der Stadt. Die Glasarbeiten stammen von Gruber, das Mobiliar von Majorelle, die Lampen von Daum – große Namen der Ecole de Nancy. Eine Augenweide!

Treffpunkt der Champagner-Hauptstadt Reims ist eine Brasserie von 1925 namens Le Boulingrin, direkt neben den Markthallen. Auf den roten Banketten sitzen bestens gelaunte Esser, an die Tische kommen die Klassiker Andouillettes, Steak tartare und Austern. Und wenn der Ober an den Tisch kommt und nach den Getränken fragt, gibt es hier eigentlich nur eine Wahl. Champagner. Die Schampus-Karte des Boulingrin ist riesig, umfasst alle großen Marken, einige kleinere wie Montaudun oder Dampierre, dazu Jahrgangs-Champagner und Prestige-Cuvées. Die passen ganz hervorragend zu den Meeresfrüchten. Spätestens nach dem zweiten Glas weiß man dann, was eine französische Brasserie sein muss: ein Ort, wo die Atmosphäre mindestens so wichtig ist wie das Essen im eigentlichen Sinne. Ein Treffpunkt der Massen aller Klassen. Ein Theater des Lebens.

Ein Cognac für die Engel

Der Auktionator im dunklen Anzug kann sein Lächeln mühsam unterdrücken: Gerade eben gab es ein Gebot von 39 000 Euro für eine Flasche Remy-Martin: 1,5 Liter Cognac, den es so nur einmal gibt, in einer Kristallflasche mit lackiertem Schmuckkasten.

C'est vu. J'adjuge. Et pas de regret. (Dt.: Gesehen. Gebe den Zuschlag. Ohne Bedauern.) So heißt das französische Äquivalent zu »Zum Ersten. Zum Zweiten. Zum Dritten«, das den Verkauf bei einer Versteigerung bestätigt. Weder Käufer noch Verkäufer stehen *regrets* ins Gesicht geschrieben.

Letzterer bekommt neben seiner Provision eine stattliche Summe für den britischen Verein »Children in Crisis« und die »Restos du cœur« der Cognac-Region Charente, eine französische Variante der »Tafel«, die 1985 vom Komiker Coluche gegründet worden ist. Ersterer bekommt eine 1,5-Liter-Flasche Cognac, den es so nur einmal gibt, in einer Kristallflasche mit lackiertem Schmuckkasten.

Mit etwa 2,4 Milliarden Umsatz und 161 Millionen verkauften Flaschen ist der Brand ein wichtiger Wirtschaftsfaktor in der ländlich geprägten Region Charente-Maritime. Doch nicht jede der Bouteillen enthält Spitzenqualität. Die meisten Cognacs mit der Aufschrift VS (*very special*) sind im Cocktailglas besser aufgehoben als im traditionellen Schwenker.

Die teuersten und exklusivsten hingegen finden sich auf der Versteigerung namens »La part des Anges«, der Anteil der Engel, die jährlich am dritten Donnerstag im September stattfindet. Warum Engel? Weil diese in der Region Charente permanent volltrunken sind: Destillate wie Cognac verdunsten nämlich. Gut 2 Prozent der Lagerbestände lösen sich jährlich in Luft auf. Das macht grob geschätzt 20 Millionen Flaschen, und diesen Schwund nennt man »Anteil der Engel«. Und natürlich ist dies auch ein Wortspiel, bei dem man diverse wohltätige Organisationen als Engel verstehen kann.

Der Cognac-Schwund ist unbeliebt, der »Anteil der Engel« umso beliebter: zunächst einmal bei der Cognacbranche selbst, welche die Versteigerung wie ein Familientreffen begeht: Wohin man auch geht, es riecht nach Tabak, Haselnüssen, Kakao, Pflaumen, Leder oder Zimt. Es riecht nach Cognac. Jährlich wechselt die Versteigerung an einen anderen für die Region typischen Ort: Mal ist es die historische Abtei von Bassac, mal ein riesiges, historisches Lagerhaus. Geschäftsführer und Kellermeister, die im normalen Berufsleben Konkurrenten sind, kommen bei Cocktails auf Cognacbasis ins Gespräch. Max Cointreau von Cognac Frapin, mit seinen über 90 Jahren der Doyen der Branche, stolziert von Tisch zu Tisch und verteilt Handschläge, Schulterklopfen oder witzige Bemerkungen. Das Cognacanbaugebiet ist klein, man kennt sich – oft seit Generationen.

Freuen können sich auch »Multiplikatoren«: Sammler, Autoren oder Blogger, die sich um den Cognac verdient gemacht haben, werden auf diesem Event geehrt. Eine Urkunde und eine Flasche Cognac erhalten sie. Und aus Gründen der Neutralität darf diese Flasche keinen Markennamen tragen.

Erfreut sind auch die Begünstigten, wohltätige Organisationen, die jedes Jahr neu bestimmt werden. Geteilt wird der Erlös in der Regel zwischen einem regionalen und einem nationalen oder internationalen Verein. Vor »Children in crisis« und »Restos du cœur« waren dies etwa das Rote Kreuz und »L'Arche à Cognac«, ein Verein, der sich um geistig Behinderte kümmert.

Durchaus heiter sind auch Sammler und Kenner, wenn die Cognacs beim »Anteil der Engel« verkauft werden. Denn sie bekommen hier Cognacs, die es weder im Geschäft noch im Restaurant gibt: zum Beispiel den »Hardy Hommage«, der nur aus Grande-Champagne-Cognacs aus der Zeit vor dem Zweiten Weltkrieg besteht. Auch die Trauben für den Remy Martin »290 anniversaire« (290. Geburtstag) wuchsen in Grande und Petite Champagne. Zur Erinnerung: Cognac ist ein Verschnitt mehrerer Jahrgänge und Lagen. Zu den besten Lagen gehören die Grande Champagne und die Petite Champagne, die mit der »Champagne« bei Reims, wo die Trauben für den Champagner wachsen, weder verwandt noch verschwägert sind.

»Der Anteil der Engel« ist eine Veranstaltung für Sammler, zugänglich nur auf Einladung. Und sammeln kann man alles, einmaligen Cognac ebenso wie einmalige Flaschen oder beides zugleich.

Und wieder verkündet der Auktionator, er sei *sans regrets*, ohne Bedauern. Gerade hat ein Sammler 26 000 Euro für die Dame Jeanne des Hauses Prince Hubert de Polignac geboten. Als der Hammer kurz darauf zum letzten Mal fällt, sind 237 600 Euro für wohltätige Zwecke in der Kasse. Im Jahr zuvor waren es »nur« 175 450 Euro. Vielleicht hatten die Engel doch ihre Hände im Spiel.

Der weiße Schinken

Die Deutschen lieben Räucherschinken, Franzosen ziehen den fast weißen gekochten Schinken vor. Geschmacklich unterscheiden sie sich deutlich. Doch woran erkennt man einen guten weißen Schinken?

Weiß ist die richtige Farbe für gekochten Schinken, fast elfenbeinfarben sollte er sein. Solche Exemplare wurden, manchmal eingeschlagen in ein Tuch, in einer Schweins- oder Kalbsbouillon gekocht – die traditionelle Art, gekochten Schinken herzustellen. Nur noch ganz wenige Metzger stellen gekochten Schinken selber her, meist muss man einem größeren Anbieter vertrauen.

Einfarbig muss ein guter Schinken sein: Viele Hersteller bieten nicht mehr ganze Schinken an, sondern pressen allerlei Schweinernes einfach in Form. Im besten Fall sind dies Schulterstücke, im schlechtesten eine wahre Schweinerei an Fleischresten inklusive Knochen, Knorpeln und Nerven. Die Farben solcher »Schinkenpuzzle« reichen von rot bis weiß. Der Preis allein bürgt nicht für Qualität. Gute Schinken sind nicht immer kostspielig, auch schlechte Exemplare kommen zu Wucherpreisen auf den Markt.

Trocken sollte das Fleisch ausfallen. Viele Schinken werden exzessiv lange in Salzlake eingelegt und mit allerlei chemischen Zusätzen gespritzt. Beim Einlegen kann ein Schinken um die zwei Kilo zulegen!

Kein Geschmack, nur Feuchtigkeit. Manchmal hilft da schon ein Blick aufs Etikett, wo die unerwünschten Zutaten direkt hinter »Schweinefleisch« stehen. Ganz schlecht sind in Plastik abgepackte, vorgeschnittene Schinkenscheiben, in deren Packung sich unten Feuchtigkeit angesammelt hat. Aber: Auch zu trockene Schinken gehören qualitativ nicht zur Spitzengruppe.

Seidig und weich fasst sich guter gekochter Schinken an, das Fleisch ist leicht körnig. Wie jeder Schinken sollte er natürlich aus der Schweinshaxe stammen. Gutes Zeichen: Der Knochen steckt noch im Fleisch – das hilft, den typischen Geschmack zu erhalten. Liebhabern französischer Wurstwaren sei die Maison Vérot, 3, Rue Notre-Dame des Champs in Paris empfohlen.

Die Perle unter den Austern

Wenn Thierry Gillardeau über sein Produkt redet, dann liebt er knackige Sätze. »Mein Großvater konnte nicht schreiben. Aber er konnte rechnen«, sagte er etwa der New York Times »Heute können alle Austernzüchter schreiben, aber das Rechnen haben sie verlernt.«

Thierry Gillardeau verkauft Austern, er ist Züchter

in vierter Generation. Für viele verkauft er sogar die besten Austern überhaupt, sie sind so gut, dass sie seinen Nachnamen tragen. Sie werden im Elysée-Palast und Toprestaurants in aller Welt serviert, doch einfache Brasserien und Fischhandlungen führen sie auch. Und dort ordern die Menschen nicht »ein Dutzend Austern«, sondern »ein Dutzend Gillardeaus«. Sein Name ist eine Marke geworden, es soll sogar Kunden geben, die meinen »Gillardeau« sei eine spezielle Austernrasse. An mangelnden Rechenkünsten der Konkurrenz kann das nicht liegen.

Gillardeaus Nachbarn in Bourcefranc-le-Chapus (3417 Einwohner) sind nicht alle efolgreich. Im westlichen Frankreich gibt es fast fünfmal weniger Austernzüchter als noch vor 20 Jahren. Wer die Gründe für ihre Misere verstehen möchte, der muss im Prinzip weit ausholen, die traditionelle Zucht und Vermarktung aufzeigen, das Geflecht von Händlern und Zwischenhändlern sowie der Direktvermarktung darlegen.

Doch momentan ist die Gefahr weit konkreter: Frankreichs Austernwirtschaft leidet nicht unter Wirtschafts- und Währungskrisen, sondern unter einem Parasiten: Virus OsHV-1 heißt er. Eine Art Austern-Herpes, die treffender mit dem Namen Austernpest beschrieben wäre. Austern haben kein Immunsystem wie Menschen. Sie zu impfen oder zu heilen ist aussichtslos. Noch immer liegt die Sterblichkeit der Jungaustern zwischen vierzig und neunzig Prozent, je nach Anbaugebiet. Und nicht nur OsHV-1 macht dem Bestand zu schaffen. Zusätzlich geschwächt werden die Austern durch ein Bakterium namens Vibrio splendidus. Für dessen Gedeihen wiederum sorgte ein milder Winter und ein warmer, regenreicher Frühling. Durch die Wetterlage sei auch der Lebenszyklus der Auster gestört worden, sagen Wissenschaftler. Mangel an winterlicher Ruhe und starkes Wachstum im Frühjahr hätten zur rapiden Reifung der Schalentiere geführt. Zudem schließen die Experten nicht aus, dass weitere, bisher nicht identifizierte Faktoren wie Umweltgifte oder Toxine aus Algen und Bakterien eine Rolle bei der Verbreitung des Austernvirus gespielt haben.

Aufgrund der Präsenz der toxischen Mikro-Alge Dinophysis mussten Schalentieren aus dem Bassin von Arcachon mehrfach vom Markt genommen werden. Betroffen waren auch Miesmuscheln. Die Austernzüchter protestierten schwach, eher inoffiziell wurden Umweltverschmutzung und Klimawandel als Gründe für die Austern-Katastrophe gehandelt.

Eine Katastrophe, die Gillardeau kaum betrifft: Das Unternehmen hat seine Produktion früh diversifiziert. Gillardeau-Austern wachsen nach wie vor in den Becken im kleinen Ort Bourcefranc-le-Chapus südlich von La Rochelle. Und nahe dem

»Utah Beach«, einem Landungsort der Alliierten in der Normandie. Und in Irland. Von dort bezieht das Unternehmen »Nachwuchsaustern« aus einem modernen Produktionszentrum mit geschlossenen Wasserkreisläufen. Virenbefall gibt es nicht. »Der Kunde möchte eine Gillardeau, er fragt nicht danach, wo sie aufgewachsen ist«, pflegt Thierry zu sagen.

Es ist der Markeneffekt: Markenkunden fragen nicht, in welcher Fabrik ihr Softdrink abgefüllt worden ist. Sie erwarten im Gegenzug eine ständig gleichbleibende Qualität.

Zudem kauft Gillardeau die *naissain*, die Jungaustern, wenn sie nicht mehr ganz so jung sind, nämlich nach mindestens einem Jahr. Die Tiere sind dann widerstandsfähiger.

Doch wie wird man auf dem Austernmarkt, der mit Wind Wetter, Viren und anderen Unwägbarkeiten kämpft, zur Marke?

Thierry Gillardeau hat eine einfache Antwort: »Unsere Austern sind gut. Also verlangen die Kunden nach Gillardeaus. Mundpropaganda funktioniert.«

Auch das ist zweifelsohne eine Tatsache, setzt aber voraus, dass der Kunde den empfohlenen Züchter beim Namen kennt.

Tatsächlich beginnt der Erfolg des Unternehmens Gillardeau viel früher – mit der Konzentration auf Kernkompetenz und der Vereinfachung des Angebots.

Noch in den 1970er Jahren erzeugte die Familie Austern und andere Schalentiere. Nicht nur konzentrierte sich die Familie auf Erstere, auch bei den Austern widmete sie sich einer einzige Variante: den *spéciales*. »Unsere Austern reifen vier Jahre lang«, erklärt Thierry. »Wir setzen auf eine geringe Dichte pro Quadratmeter, damit sich jede üppig ernähren kann. Außerdem investieren wir viel Handarbeit: Wir säubern die Meeresfrüchte, entfernen Parasiten. Die Parks wechseln je nach Wachstumsstufe. Futter, Wassertiefe, Salzgehalt des Wassers, alle Parameter werden kontrolliert. Eine Gillardeau-Auster durchläuft so gut 60 Arbeitsschritte. Dann gönnen wir ihr zwei Monate *affinage*, Verfeinerung, ebenfalls in Becken mit geringer Austerndichte. Und, ganz wichtig: Am Schluss wird noch vor der Reinigung streng sortiert.«

Austern, die nicht dem Qualitätsstandard der Marke entsprechen, werden so einfach ausgesiebt. Mitbewerber mögen davon träumen, einmal so bekannt wie Gillardeau zu werden. Seinen guten Ruf kann sich das Unternehmen nämlich inzwischen bezahlen lassen. Auch wenn Thierry Gillardeau mit Zahlen geizt, der Marktpreis ist bekannt: Je nach Saison kostet eine Markenauster 0,546 Cents mehr als ein namenloses Schalentier. Eine Summe, die im Lebensmittelhandel bekanntlich ein kleines Vermögen darstellt. Doch die Kalkulation stimmt, schließlich verlangt es die Endkunden nach Gillardeaus. Was beweist, dass die

Familie aus dem kleinen Ort Bourcefranc-le-Chapus
südlich von La Rochelle nicht nur wie zu Großvaters
Zeiten rechnen kann. Sie versteht sich auch aufs
Schmecken.

Die süßen Stars

Ein halbes Dutzend Kunden drängelt sich auf den
vierzehn Quadratmetern der Patisserie in der Pariser
Rue du Vaugirard. Eclairs (Liebesknochen) und Mil-
lefeuilles (Blätterteig) bestaunen die Gäste als wären
sie ein Míro. Denn hier, in der Patisserie Aoki, werden
die Liebesknochen mit Sesamkörnern bezogen, die
Blätterteigschnitten schimmern in einem mysteriö-
sem Grün und selbst der französische Klassiker, die
Madeleine, ist vom Grünstich befallen. Für den auf-
rechten Pariser ist das in etwa so choquant, als würde
in Bayern das Weißbier blau sprudeln. Monsieur Aoki
streichelt fast zärtlich über ein mit Matcha gefülltes
Eclair. »Das Geheimnis ist nicht das Teepulver«, erläutert der kleine Mann mit der Löwenmähne. »Das
Geheimnis ist der Teig: Andere backen ihn vierzig
Minuten bei 200 °C. Wir hingegen eine ganze Stunde
bei 150 °C.« Eine ältere Dame schaut Aoki rätselnd
an, als würde er gerade über Quantenmechanik do-
zieren. »Wird das Eclair bei hoher Temperatur kurz

gegart, weicht es über den Tag auf und ist am Abend matschig. Meine bleiben fest.«

Ein paar hundert Meter weiter arbeitet ein anderer Patissier im noblen Hôtel Plaza-Athénée: Christophe Michalak heißt er. Michalak posiert in seinen Publikationen als Star mit gegeltem Haar, mal in Lederjacke, mal im blitzweißen Hemd, oft mit Sonnenbrille. Man könnte ihn mit einem Schlagersänger verwechseln. Schüchtern? Kein bisschen. »Ein Dessert ziehe ich an, wie ein Couturier eine Frau«, tönt er. Und: »Ich träume vom Unmöglichen. Dann sage ich mir: Warum mache ich es nicht?« Seine Desserts sind filigrane Nachbildungen von Kommoden, komplett mit Kronleuchter und kleinen Geschenkpaketen. Praliné, Mousse von der Milchschokolade und Bananencreme wandern da herein. Andere Kreationen tragen Versionsnummern, verblüffen mit prallen Farben und perfekter Optik. Wie immer, wenn Essen nicht mehr wie Essen aussieht, fragt man sich, was da wohl alles drin ist. Das Kleid der schönen Frau wird im Normalfall niemand verzehren, die kleine Sicherheitsnadel, die alles zusammen hält, wird niemanden stören. Aber beim Dessert? Ein Blick auf seinen Rumkuchen, stachelig wie ein Bazillus unter dem Mikroskop, verrät, dass dieser Mann um jeden Preis verblüffen, schockieren und überraschen möchte.

Und wie es sich für einen Modeschöpfer gehört, verfügt Michalak auch über eine Prêt-à-porter-Kollektion: Für Starbucks entwarf er ein Zitrusfrüchte-Tiramisu, für Disneyland Paris einen Liebesknochen mit Karamellfüllung und einem Porträt des Toy-Story-Astronauten Buzz Lightyear. Solche Verträge sind ein sicheres Zeichen, dass ein Markt reif ist, vielleicht sogar überreif.

Aoki und Michalak sind Phänome, aber keine Ausnahmen. Die Zeit der braven Erdbeertörtchen und Bienenstiche ist vorbei, die Patisserie durchläuft gegenwärtig eine Entwicklung, die man in der Küche seit dreißig Jahren kennt. Genau wie der Koch früher im Schatten des Inhabers eines Restaurants stand, wirkte der Patissier früher im Schatten der Köche. Ab den 1960er Jahren avancierten die Herren der Herde zu Stars und präsentierten sich mehr und mehr als Künstler im Dienst des guten Geschmacks. Patissiers hingegen füllten jahrelang ein Dessertwägelchen, das zum Abschluss jedes Menüs zwischen den Tischreihen durchgeschoben wurde. Der Durchbruch gelang ihnen erst in den 1990er Jahren

Ihren Anfang nahm die Emanzipation der Patisserie wohl mit dem Elsässer Pierre Hermé und »La cerise sur le gâteau«, frei übersetzt »Das Tüpfelchen auf dem i«. Letzteres präsentierte sich als dreieckiger Pfeiler nach Entwurf des Designers Yan Pennor, gefüllt mit Haselnusskuchen und Praliné, gekrönt von einer Kirsche. Fünf goldene Striche prangen markant auf dem Monolith aus Milchschokolade: Diese süße Skulptur machte Hermé 1993 weltberühmt. Ein Patissier als Star, diese Rolle hat keiner so ausgefüllt wie er. Zweimal im Jahr bat er früher, tatsächlich wie ein Modemacher, einige Auserwählte zu Dessert-Defilés, stellte neue »Kollektionen« unter Namen wie »Kawai« (japanisch für niedlich) oder »Désirs« vor. Einmal ließ er im Kabarett Crazy Horse gerten-schlanke Damen einen ganzen Abend Torten tragen. Kommunikationsexperten entwerfen zusammen mit dem Meister Produktnamen wie »Miss Gla Gla Montebello« für Biscuits mit Erdbeersorbet und Pistazieneis. Inzwischen lässt der Meister es ruhiger angehen, vielleicht mit gutem Grund: In der letzten veröffentlichten Bilanz verzeichnete allein seine Patisserie in der Rue Bonaparte einen Umsatz von 7,2 Millionen Euro. Nicht darin enthalten ist das florierende Beratungsgeschäft.

Alle guten Dinge sind dreizehn

Nach alter Tradition sind am 24. Dezember die pro-venzalischen Tische festlich gedeckt: Drei über-einanderliegende weiße Tischdecken werden von drei Kerzenleuchtern geschmückt. Eine oder drei Tassen werden mit Mehl oder Erbsen gefüllt, auch ein Brot wird in drei Teile gebrochen: Ein Teil gilt als Anteil der Armen, der zweite als Anteil der Tischgenossen, der dritte als Glücksbringer. Gegessen wird bescheiden: Etwas überbackenes Gemüse oder eine Suppe als Vorspeise, danach eine *raite* vom Stockfisch (gebratene Fischstücke mit Sauce aus Olivenöl, gehackten Zwiebeln, Weißwein, Kapern, gehackten Tomaten, Knoblauch, Lorbeer, Fenchel und Petersilie), eine Bouillabaisse oder ein Catigot d'anguilles (Aalragout in Rotweinsauce). Fleisch verbietet die Tradition, getrunken wird kein Wein, sondern *vin cuit*, dessen Most sechs Stunden auf offenem Feuer vor sich hinköchelt.

Das Beste folgt zum Schluss: Aufgetischt werden die *treize desserts*, die dreizehn Weihnachtsdesserts: Das können vier Teller mit Mandeln, Nüssen, Trockenfeigen, Rosinen oder Datteln sein, vier mit frischen Früchten, etwa Äpfel, Birnen, Orangen, Melonen, dazu schwarzer oder weißer Nougat, trockene Biscuits, kandierte Früchte und traditionelle Brotsorten wie *fougasse* oder *pompe à l'huile*. Die genaue Zusammenstellung variiert von Ort zu Ort, von Familie zu Familie.

Frédéric Mistral, Träger des Nobelpreises für Literatur, hat die festliche Zeremonie in seinen Memoiren beschrieben. Die Zahl dreizehn steht im Volksglauben für Christus und die zwölf Apostel, die drei Tischdecken, Leuchter und Teller gelten als Symbol für die heilige Dreifaltigkeit. Andere Bestandteile der Mahlzeit haben ihre Ursprünge im lokalen Aberglauben. Der Anteil der Armen (*pauvres*) am Brot gilt beispielsweise nicht etwa mittellosen Wanderern, sondern den Seelen der Verstorbenen – pauvre heißt auf Altprovenzalisch auch tot.

Der Pastis

Wenn die Sonne so richtig vom Himmel brennt, genehmigt sich der Provenzale ein oder zwei Pastis, bevor er zum Boulespielen aufbricht – so will es das Klischee. Provence ohne Pastis, das ist für den Besucher fast unvorstellbar. Trotzdem ist das Traditionsgetränk nicht etwa so alt wie die Region, sondern erblickte erst 1938 das Licht der Welt. Sein Aufstieg zum meistgetrunkenem alkoholischen Getränk Frankreichs verdankt er dem Absinth, einem giftigen Zungenbrenner, der unter den Malern und Schriftstellern des 19. Jahrhunderts als »grüne Muse« bekannt war. Am 16. Mai 1915 wurde Herstellung und Konsum von Absinth per Gesetz verboten, von der Sanktion betroffen waren auch alle anderen anishaltigen Liköre. Zu Unrecht, denn wie man heute weiß, enthielt nur die »grüne Muse« das giftige Thujon. Und sehr zum Missfallen der Provenzalen, denn die einfache Landbevölkerung schrieb dem Anis quasimagische Kräfte zu. Anis oder Fenchel unter dem Kopfkissen schützen nach altem Volksglauben vor Albträumen, ein Korn im Schlüsselloch hält böse Geister vom Eintreten ab oder vermag Schlangenbisse zu heilen.

Erst 1938 wurde ein anishaltiger Alkohol zum Verbrauch zugelassen: Pastis! Als offizieller Erfinder gilt Paul Ricard aus Marseille. Ein Teil Pastis auf vier Teile Wasser, lautet das Standardrezept – man vermutet, dass das Wort Pastis von der nach dem Mischen recht trüben Flüssigkeit im Glas stammt. Pastis heißt auf Provenzalisch nämlich so etwas wie »undurchsichtige Situation«, »Unordnung« oder »Durcheinander«. Und spätestens nach drei Gläsern herrscht diese vermutlich auch im Kopf.

Die Schänke der Ch'tis

Et voilà les frites. – Auf dem Tisch von Jean-Pierre und Gisèle landet eine Glasschale knuspriger, goldgelber Fritten, so groß, dass sie den halben Tisch einnimmt. Beide blicken nicht einmal hoch, sondern greifen sofort zu. Nebenan sitzen die Gäste beim *Blauwersbier*, das allein für die Gaststätte Blauwershof gebraut wird, ein erfrischendes Helles mit 6,5 Prozent Alkohol. »Was, nur ein kleines Bier?«, fragt Chris Mercier, der bärtige Gründer des Hofes, erstaunt. »Soll ich euch vielleicht noch eine Babyflasche mit Schnuller bringen?« Stattdessen kommt *hochepot*, das lokale

Pot-au-feu mit Speck, Wurst, Schweinefleisch, Kohl, Kartoffeln auf den Holztisch. Manchmal wandern auch Ochsenschwanz, Schweinsohren und Schweineschwanz in das Gericht.

Nebenan dampft eine große Schüssel Senfsauce auf einer Papertischdecke mit einem typischen Brueghel-Bild. Es zeigt ein Bauernfest mit Tanz und Spiel, mit Küssen und Bier. Und wer hier unter den sechzig Bieren wählt, der möchte förmlich eintauchen in das Bild aus alten Zeiten, möchte mitfeiern. Ausgeschlossen scheint das an einem typischen Samstag im Blauwershof im Dörfchen Godewaersvelde nicht. Alle Plätze sind schon mittags eng besetzt, jeder wird so herzlich begrüßt, als käme er jeden Tag hier vorbei. Godewaersvelde klingt nicht gerade französisch, ist aber ein typisches Dorf des Nordens, wo sich propere Ziegelhäuschen um einen Kirchturm drängen. Man spricht hier weniger den inzwischen filmbekannten Ch'ti-Dialekt, als vielmehr Flämisch und Französisch. »Hier spreekt men Vlaams«, sagt ein Schild vor der Dorfkneipe. Der Blauwershof mit seinen bunten Fensterläden hieße auf Französisch »Le repaire des fraudeurs«, frei übersetzt also Schmugglertreff. »Weil die Region direkt an der belgischen Grenze früher zum Schmuggeln geradezu einlud«, erläutert Chris. Auf Nachfrage erzählt er gern, wie Dörfler ganze Motorradtanks mit Rauchbarem ausstopften und mit einem Minimalvorrat an Benzin über die Grenze tuckerten.

Alte Zigarettenbanderolen schmücken die Wände, etwa Cigarettes Franco-Russes, die französisch-russischen Zigaretten »für den universellen Frieden«, wie es auf der Packung heißt. Selbst auf dem grünen Etikett des Blauwersbieres scheint sich ein Schmuggler mit dickem Rucksack beim Grenzübertritt hektisch umzusehen.

Der Blauwershof ist kein Restaurant und keine Kneipe. Er ist eine *estaminet*, ein Wort, das mit Schänke nur teilweise richtig übersetzt ist. Die typische *estaminet* bietet rustikale, regionale Spezialitäten. Flamiche, ein Brotkuchen mit Lauch, Zwiebeln und sogar mit Kürbis, Huhn in Bier, Kutteln, Andouillette, also Kuttelwurst, aus Cambrai, Blutwurst flämischer Art mit Zwiebeln und Rosinen, Potjevlesch und Carbonnade flamande, dazu Tartines, belegte Brote und natürlich Gaufres, Waffeln, oder Käse vom nahen Mont des Cats, den Trappistenmönche seit dem 19. Jahrhundert fabrizieren. Potjevlesch und Carbonnade? Ersteres ist ursprünglich eine Art Terrine aus Kalb, Kaninchen und Schweinespeck. Gegrilltes oder geschmortes Rind, manchmal auch Schwein, wandert mit Zwiebeln und Bier in die Carbonnade. Beides gehört zu Frankreichs Norden wie die Fritten und Bier, wie Hopfen, Chicorée und Kartoffeln.

Eine echte *estaminet* pflegt ihren urigen Stil, verzichtet auf ewig gleiches Designmobiliar. Dazu gehört auch, dass fast jedes Lokal Spiele bietet. Nicht Skat oder Billard, sondern alte Holzspiele. Da gibt es etwa den «Frosch»: Alle Teilnehmer werfen nacheinander aus zwei Metern Abstand eine Art Murmel auf ein Holzgestell, über dem ein solcher Tümpelquäker prangt. Durchs Froschmaul, Löcher oder Hindernisse kugelt das Wurfobjekt dann in eine Schublade. Eine Schublade ist 2000 Punkte wert. Die darüber bringt nur zehn. Natürlich gewinnt der Spieler mit den meisten Punkten, dank des 2000er-Jokers steht der Sieger erst mit dem letzten Wurf fest.

Chris Mercier vom Blauwershof war einer der Pioniere: »Mitte der 1980er Jahre kam mir der Gedanke, dass man den *estaminets* ihren gemütlichen, geselligen Charakter zurückgeben muss. Sie sind doch nicht nur ein Ort zum Essen. Sie sind ein Stück Heimat. Spiele und Dekoration habe ich auf dem Flohmarkt gesucht.« Es war eine Zeit, in der Heimat eigentlich nicht mehr modern war. Internationale Pizzaketten und Burgergrills eröffneten Filialen in Vororten jeder größeren Stadt, kleine, individuell geführte Geschäfte schlossen reihenweise, um großen Supermarktzentren Platz zu machen. Und die größeren Ketten schluckten die kleineren.

Doch Mercier blieb nicht lange allein, motivierte Kneipiers, und Wirte retteten ihre Dorfcafés und wandelten sie in *estaminets* um. Der französische Norden, das Land von Hering und Endivien, von Bier und Hopfen, bestand weiter auf seiner Identität, auf

Flamiche, Potjevlesch und Carbonnade. »Flandern lebt«, prangt dann auch in dicken Lettern auf jeder Seite der Speisekarte des Blauwershofs. Unter einem Mangel an Gästen leiden die *estaminets* mitnichten, mittlerweile haben sie sogar ihre eigenen Internetseiten: www.estaminets.fr

Urbanes und Regionales

Weg mit dem scheußlichen Eiffelturm

»Wir Schriftsteller, Maler, Bildhauer, Architekten und Liebhaber der bis jetzt intakten Schönheit von Paris protestieren mit all unserer Kraft, all unserer Empörung, im Namen des französischen Geschmacks, im Namen der Kunst und der französischen Geschichte gegen die Errichtung des unnützen und monströsen Eiffelturms im Herzen unserer Hauptstadt ...«, schrieben die Intellektuellen ihrer Zeit im Februar 1887 an den Direktor der Bauarbeiten für die kommende Weltausstellung. Unter den Unterzeichnern der Petition figurierten Größen wie Charles Garnier, Alexandre Dumas, Guy de Maupassant und andere. Geholfen hat es nichts. Der Eiffelturm steht aufrecht wie eh und je, wurde auf unzählige Gemälde und Fotos gebannt, besungen und bedichtet.

Jedoch: Die Idee zum Metallturm inmitten der Hauptstadt stammt gar nicht von Alexandre Gustave

Bonickhausen, genannt Gustave Eiffel. Sondern Maurice Koechlin und Emile Nouguier, zwei Ingenieure in seinen Diensten, feilten lange an den Plänen, holten Rat beim Architekten Stephen Sauvestre und patentierten ihr Projekt sogar. Gustave Eiffel kaufte die Rechte am Turm später auf. Seine Vereinbarung mit Koechlin und Nouguier sah vor, ihnen jeweils ein Prozent seines Bauhonorars auszuzahlen. Außerdem verpflichtete er sich, die Namen der beiden Erfinder stets im Zusammenhang mit dem Projekt zu erwähnen. Der Rest der Geschichte ist bekannt. Vom Nouguier-Koechlin-Turm spricht heute niemand mehr.

Autoren, die Paris verachteten

»Schreckliche Stadt! Schreckliche Stadt!«
Charles Baudelaire, »Le Spleen de Paris«
(1869 posthum)

»Eine dunkle, enge Allee führte zu einem kleinen Hof, oder besser gesagt zu einer Art Brunnen, ohne Luft und ohne Licht, ein verpesteter Aufnahmebehälter für allen Unrat des Hauses, der aus den oberen Etagen herabregnete …«
Eugène Sue, »Die Geheimnisse von Paris«
(»Les Mystères de Paris« 1813),
über die Rue du Temple 17

»Eine Frau, die Paris verlässt, um sechs Monate auf dem Land zu verbringen, kommt so veraltet zurück, als wäre sie dreißig Jahre vergessen gewesen.«
Charles de Montesquieu, »Persische Briefe«
(»Lettres Persanes«, 1721)

»In Paris ist es besser,
kein Bett zu haben als kein Gewand.«
Guy de Maupassant, »Bel-Ami« (1885)

»Eines der Schauspiele, in denen man dem allergrößten Schrecken begegnet, ist sicherlich der Anblick der Pariser Bevölkerung, ein schrecklich anzusehendes Volk, hager, gelb, sonnengegerbt.«
Honoré de Balzac,
»Das Mädchen mit den Goldaugen«
(»La Fille aux Yeux d'Or«, 1835)

»Paris ist der ganze Ruhm
und die ganze Infamie Frankreichs.«
Honoré de Balzac, »Verlorene Illusionen«
(»Illusions perdues«, 1843)

»Die ganze Luft war erfüllt von einer Kakophonie – Jazzmusik, Drehorgelgekreisch, Autohupen. Polizisten ließen ihre Trillerpfeifen ertönen, Cook-Touristenbusse (»Paris bei Nacht«) hupten grellend, und die armen Fußgänger machten ausgiebigen Gebrauch von ihrer Lunge. Es war schlimmer als auf dem New Yorker Times Square am Sylvesterabend. Stoppelbärtige Männer drängten sich an mich heran, sprachen arabisch und boten mir »echte Täbris-Teppiche«, pornographische Postkarten, marokkanische Lederwaren, ihre jüngeren Schwestern und ein weißliches Pulver an, das wie Zucker aussah, aber keiner war. Als zwei Polizisten sich näherten, machten die Händler sich eiligst aus dem Staube. Die Polizisten traten, wie ich bemerkte, hier stets paarweise auf.«

Joseph Wechsberg über Montmartre,
»Forelle blau und schwarze Trüffeln« (1964)

Gott sei Dank gibt es in Frankreich nicht nur Paris. Eine Städteauswahl:

Biarritz

Samstag, neun Uhr morgens an der Grande Plage in Biarritz: Das Meer blitzt silbergrau, kräftig schlagen die Wellen an den Strand vor dem Hotel du Palais. Gischt weht vom Atlantik herüber – und auf den weißen Wellenkronen reiten Dutzende von Surfern der Küste entgegen. Die Villa Belza strahlt einsam in der Morgensonne, am Hotel du Palais bringen dienstbare Geister die Sonnenliegen in Stellung.

Zerknitterte Gesichter lümmeln sich in den Stühlen der Strandcafés, kneifen die Augen zusammen, als würden nach dem letzten Abend die ersten Sonnenstrahlen an der Netzhaut schmerzen. Messieurs blättern gelangweilt in der Lokalzeitung und greifen gelegentlich zum urfranzösischen Morgenmahl – Café noir, so dunkel und kräftig, dass ein Löffel darin stecken bleiben könnte. Die Surfer entlocken den echten *biarrots* (so nennt man die Einheimischen) nur ein leichtes Gähnen. Surfbretter sind das beliebteste Accessoire an dieser Stelle Südfrankreichs, Aufsehen erregen die Sportler höchstens noch mit einem ebenso plötzlichen wie ungewollten Fall vom Board.

Biarritz, das ist die Stadt der Wellenreiter, eine Metropole des 19. Jahrhunderts, eine Art Saint-Tropez der 1920er Jahre, ein Monument der Belle Époque, der Stolz des französischen Südwestens – auch wenn man das am frühen Morgen niemanden so recht ansieht.

Schon Napoleon III. spendierte seiner Kaiserin Eugénie in dem ehemaligen Walfängerdorf eine Sommerresidenz in Form eines E und schnell noch einen Bahnhof namens Biarritz-la-Négresse dazu. Adelige aus Russland und Frankreich reisen an, die Gästebücher der Hotels füllen sich mit Namen prominenter Stammgäste: Winston Churchill, Charlie Chaplin, Sacha Guitry, Pablo Picasso. Die Surferecke nannten die Einheimischen damals den Strand der Verrückten, *plage des Fous*.

Danach herrschte Dornröschenschlaf: Die hoch-herrschaftliche Villa Belza zerfiel zu einer französischen Version von Norman Bates Motel in »Psycho«, Burgerbuden eroberten die Boulevards.

Doch jede Mode kommt einmal zurück: Heute steht Biarritz wieder für Lebensfreude, Karl Lagerfeld soll hier ein Haus gekauft haben, und wenn Prominenz vom Schlage Alain Delons wieder über die Strandpromenade promeniert, fühlt man sich ein ganz klein wenig an die Zeit erinnert, als Couturier Jean Patou an Sonnentagen einen weißen Wagen mit schwarzem Chauffeur nutzte und an Regentagen mit einem schwarzen Wagen und weißem Chauffeur vorfuhr …

Biarritz, die »Stadt der zwei Felsen« (*bi* = baskisch für zwei, *arri* = Fels), das ist nicht nur Strand und historische Gemäuer. Flaneure mögen die Avenue de la Reine Victoria mit pompösen Villen aus der Zeit der *Années folles*.

Die nahen Golfclubs gelten als exzellent, Feinschmecker werden auf dem Markt ein paar Schafskäse aus der Abtei von Belloc kosten, St.-Jean-de-Luz lockt mit einer historischen Altstadt. Im Hafen schaukeln Boote, Fischer verkaufen Thunfisch und Sardinen, nebenan gibt es Espadrilles und Paprikawurst als Souvenir.

Wanderer finden im Hinterland ihre Wege: Rund um Itxassou, ein Dorf, bekannt für seine Kirschen, in

Sare mit seinen Grotten, die schon Kaiserin Eugénie gefielen, oder in Espelette, berühmt für seinen Paprika, vergisst man den mondänen Touch von Biarritz und taucht ein in das ländliche Baskenland mit seinen grünen Hügeln und Fachwerkhäusern.

Zum Abschluss sollte man sich mindestens einen Tag in San Sebastian gönnen … San Sebastian? Pardon, wer die Einheimischen nicht verärgern will, sollte auf gut Euskara natürlich *Donostia* sagen. Donostia liegt hinter der Grenze in Spanien. Für kleines Geld kann man in der Altstadt Tapas kosten, winzige Häppchen mit Gambas, Schinken, Oliven oder Thunfisch, unter deren Last sich die Theken im »Martinez«, dem »La Cepa« oder dem »Txepetxa« biegen. Spätestens nach dem zweiten Bissen hat man jedes Sushi-Tomate-Mozzarella-Carpaccio unserer Großstädte vergessen. Aber Achtung: Schon um 19 Uhr 30 stellen die feierfreudigen Basken in den Altstadtkneipen die Tische hoch. Dann wird getanzt, getrunken und geschlemmt, bis die Morgensonne über die Playa glitzert. Zeit für den Café noir …

Bordeaux

Von der Pont de Pierre aus funkeln die Fassaden von Bordeaux. Weiß glitzernde Prachtbauten, wie an einer Perlenschnur aneinandergereiht, säumen den halbmondförmigen Lauf der Garonne. Die steinerne

Brücke überquert seit 1821 den Fluss. Für Martine Mairal ist es einer der Aussichtspunkte auf ihre Heimatstadt. »In Bordeaux ist nichts mehr, wie es einmal war«, erklärt die Autorin, deren Debütroman »L'obèle« unter dem Titel »Ich, Montaignes letzte Liebe« auch ins Deutsche übersetzt wurde. »Auf einmal wackeln die Grenzen zwischen den guten und den schlechten Vierteln. Die ganze Stadt verschiebt sich.« Madame Mairal streicht sich die brünetten Haare aus der Stirn, korrigiert mit kurzer präziser Geste den Sitz der Brille. »Früher ging ich von der Pont de Pierre schnell ins Zentrum. Heute erkunde ich auch die Südseite der Stadt.« Dort lag das berüchtigte Hafenviertel, wo noch vor kurzem Matrosenbars mit Namen wie »Le Schmilblic« hinter rußgeschwärzten Fassaden auf Kunden warteten. Wo Gestalten wie aus frühen Hans-Albers-Filmen herumlungerten. Und wo heute Paare flanieren und Kinder spielen.

»Bordeaux gleicht einer schlafenden Schönheit, die dabei ist, aufzuwachen«, meint Mairal. »Hier hatten sich die 1950er Jahre bis in die 1990er gerettet. Es gab ein paar große Kaufhäuser auf der Rue Sainte-Catherine, das war das Stadtzentrum. Dann kam erst mal nichts.«

Tatsächlich war das Leben des typischen Bordelesen aus guter Familie bis vor kurzem von Montag bis Sonntag, von der Wiege bis zur Bahre vorgezeichnet wie ein Notenblatt. Die Schulzeit verbrachte er im

Lycée Mirail, das ebenso für solide Erziehung steht wie die Gymnasien mit Namen Michel Montaigne und Montesquieu. Unter der Woche ging der echte Bordeleser kaum aus. Am Samstag wurde die Garderobe, gern im britischen Stil, am Triangle d'Or, dem goldenen Dreieck rund um das Theater mit hochpreisigen Boutiquen, im Zentrum aufgefrischt. Nur zur Sommerzeit gestattete sich selbst der Bordelais ein Glas auf der Terrasse eines Cafés. Auch hier gab es klare Vorlieben. Bei Auguste an der Place de la Victoire trafen sich die Studenten, im Noailles an den Allées de Tourny die Eleganten und älteren Semester. Verwegene Naturen speisten abends im Tupina in besagtem Hafenviertel. Dort loderte am Eingang ein offenes Feuer am Kamin, wo der Wirt gleichzeitig handbreite Steaks grillte, Enten oder Rebhühner am Spieß schmurgelte, dicke, nahrhafte Suppen wie die Garbure vor sich hin köcheln ließ und ab und zu ein paar Fritten in heißes Entenfett gab.

Sonntags stand nach der Messe in Saint-Seurin oder Notre-Dame Jogging im Jardin Public an. Und beim ersten Sonnenstrahl erfolgte der obligatorische Wochenendausflug zum Bassin d' Arcachon, zur Villa nach Cap-Ferret oder Pyla, je nach Familiengeschichte. Nur ab und an fand der Bordelais seine kindliche Seele wieder und stöberte über die diversen Märkte: Herbstmarkt, Frühlingsmarkt, Schinkenmarkt, Trödelmarkt, Blumenmarkt. Inzwischen herrscht im

Sommer an den Ufern der Garonne Farniente wie im spanischen Baskenland. Tapasbars öffnen, im Mai lockt ein rauschendes Fest rund um den Fluss. Die neue Bordeleser Spaßgesellschaft ist das direkte Resultat einer Erneuerung des historischen Zentrums, einer Rundumrenovierung von monumentalen Ausmaßen. Erst wurden nur die dunklen Fassaden geschrubbt. Dann kamen die langwierigen Bauarbeiten für 25 Kilometer Trambahn, die Bordeaux in ein lange anhaltendes Verkehrschaos mit wöchentlich wechselnden Straßenführungen stürzten. Doch anders als in der Hauptstadt Paris, wo die Linienführung der Tram stets Anlass zum ideologischen Grabenkampf war, gaben sich die Bordeleser Urbanisten pragmatisch. Die Strecke vom Bahnhof über das Zentrum zur riesigen Place des Quinconces mit seinem monumentalen Brunnen wurde zum Rückgrat der Linie, die Wagen sind sauber und sicher, was in Frankreich leider keine Selbstverständlichkeit ist.

Wo heute die Tram fährt, verliefen früher vierspurige Straßen. Der ältere Bordelais sucht nach seinen vertrauten Anhaltspunkten. Die Innenstadt mutierte zur Fußgängerzone. Der Platz vor dem Theater, vorher umlagert von Bordelesen auf Parkplatzsuche, wurde zur Flaniermeile. Rechts sprießt junges Grün, vorn zögern die Städter noch ein wenig, die großen Flächen in Besitz zu nehmen. Denn auf einmal gibt es in Bordeaux überall viel Platz.

Doch die zahlreichen Studenten nehmen die »neuen« Viertel wie selbstverständlich in Besitz. Und die Touristen zieht es ganz natürlich zu den neuen Sehenswürdigkeiten wie der majestätischen Place de la Bourse. Am »Wasserspiegel« ziehen die Damen und Herren im Freizeitlook die Fotoapparate: Zwei Zentimeter Flüssigkeit auf einer 130 Meter langen und 42 breiten Granitplatte spiegeln die historischen Fassaden oder lassen feinen Nebel himmelwärts steigen. Kein Bordelais hätte früher länger als nötig hier an den Ufern der Garonne verweilt, selbst die Bistros und Weinbars waren dort stets unansehnlicher und schlichter als anderswo. Jetzt hingegen erobern die Städter die Quais zurück. Vor der mausgrauen »Colbert«, einem 181 Meter langen Kreuzer aus den fünfziger Jahren, türmen sich jetzt jeden Donnerstag Salatköpfe, Karotten mit dunklem Grün und Freilandgeflügel. Die Besucher kommen auffällig oft mit Fahrrädern. Ein paar Schritte weiter lassen sich müde Spaziergänger auf Plastikstühlen unter weißen, quadratischen Sonnenschirmen nieder. Austern und Langustinos türmen sich auf doppelstöckigen Metallgestellen, werden vom Service stolz präsentiert. Die Cafés und Restaurants am Fluss liegen in den alten Lagerhäusern des Hafens, früher nicht gerade ein Schmuckstück.

Für Schriftstellerin Mairal ist gerade die Renovierung der Quais ein Erfolg: »Die Arbeiten haben Bordeaux die Ufer der Garonne zurückgegeben. Als ich ein Kind war, standen da nur Hangars. Manchmal habe ich mich dort heimlich hingeschlichen. Das war streng verboten – und wenn meine Eltern, das erfahren hätten ... Der Fluss, das waren der Hafen und Seeleute, die Stadt blickte in die andere Richtung. Heute kann Bordeaux wieder im Rhythmus des Wassers leben.«

Aber die Einkaufsstraßen des Zentrums sind ein klein wenig leerer als früher. Bordeaux scheint größer, dort, wo einst die Matrosenbars lagen, werden jetzt Sushi und Thai-Hühnchen serviert. Noch wird gebaut. Weinlager und Industrieanlagen sollen zu Büros und Wohnungen werden. Dem Rasen an der Place de Quinconces sieht man an, dass er frisch gepflanzt wurde. Vor den Spaziergängern gleitet majestätisch ein schneeweißes Kreuzfahrtschiff über die Garonne. »Früher wäre es ein Lastkahn gewesen. Aber ein paar Jahre brauchen wir noch. Dann werden sich die Bordelesen mehr und mehr dem Fluß zuwenden, in den engen Gassen der Hafengegenden werden Szeneviertel entstehen«, sagt Schriftstellerin Mairal. »Bordeaux muss sich jetzt neu erfinden. Früher haben wir in einem Museum gewohnt. Jetzt leben wir wieder.«

Lyon

»Bürgermeister, Staatspräsidenten, Schauspieler, Hollywoodstars. Hier waren sie alle zu Gast«, erklärt

Mathieu Viannay, Jahrgang 1967, stolz. Der schlanke Mann mit dem wallenden grauen Haar wirkt bei diesen Worten noch größer als sonst. Vor ein paar Jahren hat er das Restaurant Mutter Brazier gekauft: »Ein Stück französische Tradition.« Schließlich wirkte hier vor ihm besagte »Mutter Brazier«, Vorname Eugénie (1895–1976), eine berühmte Köchin aus der Zeit zwischen den beiden Weltkriegen. Das New Yorker Waldorf-Astoria soll ihr einmal 150 000 US-Dollar Jahresgehalt geboten haben, ein Maharadja wollte sie mit einer goldenen Küche ins ferne Indien locken. Vergeblich, sie blieb in Lyon, servierte Geflügel mit Trüffelscheiben unter der Haut und Kalbsbries mit Kapern. Nebenbei lernte ein junger Mann namens Paul Bocuse bei ihr sein Handwerk.

»Dann merkte ich, dass Mutter Brazier immer noch einen Ruf wie Donnerhall hatte. Die alten Spezialitäten von der Karte streichen – unmöglich!«, erzählt Viannay. Und so freuen sich Gourmets heute noch an der »Poularde in Halbtrauer«, so genannt, weil Scheiben schwarzer Trüffel deutlich sichtbar unter der Haut schimmern. »Früher war Lyon der Treffpunkt für Feinschmecker: Weil es in der Umgebung, etwa der Bresse, hervorragende Zutaten gab und sich wichtige Transportwege bei uns kreuzten«, erzählt Viannay. »Aber unsere Gäste sorgen dafür, dass uns Kontinuität mehr als Revolutionen interessiert. Als ich in Lyon anfing, da belegte ich ein paar

Nachhilfestunde in Sachen Tradition bei »Daniel et Denise«, einem Bistro. Dort rührten sie Saucen an wie nirgendwo sonst!«

Lyon ist die drittgrößte Stadt Frankreichs und doch irgendwie ein Dorf geblieben. Man kennt sich, man hilft einander. Heute gehört »Daniel et Denise« einem Freund von Viannay.

»Daniel et Denise« ist ein *bouchon*. Und Bouchons sind die Seele der Lyoner Gastronomie. Meist kommen in Vertretern dieser Gattung Wurst mit Kartoffelsalat, Wurst im Briocheteig, »Kaviar« aus Le Puy (gemeint sind Linsen) auf den Tisch – sowie Gerichte, die man im kulinarischen Wörterbuch vergebens sucht: Der Tablier de Sapeur, korrekt übersetzt »Schurz des Pioniers«, bezeichnet panierte Rinderkutteln, die *Cervelle de Canut*, eigentlich »Hirn des Seidenwebers«, einen aromatischen Kräuterquark. Und wenn die Bouchons die Seele von Lyon sind, dann sind die Hallen das Herz. »Paul-Bocuse-Hallen« heißen sie seit 2006 offiziell. Hier gibt es rund 60 Händler von leckeren Sachen: die Käse von Renée Richard, den cremigen Saint-Marcellin, den duftigen Saint-Félicien. Wenn niemand hinschaut, dann lassen die Händler schon mal eine Flasche kreisen. »Zwei Weißwein für Bruno«, schallt es dann, prompt werden die Gläser bis zum Rand gefüllt. *Saucisson*, die warme Wurst, gibt es gleich dazu. Schließlich gilt Bruno Bluntzer, Nachfolger der legendären Colette Sibilia, als König der Würste. Andouillette, Rosette und Jésus werden als pure Fleischeslust sorgsam hinter Glas gestapelt. Wenn der Bouchon die Seele Lyons ist und die Hallen das Herz, dann ist »Antic Wine« in der Altstadt die Leber. »Hier! Diese Flasche von Graillot. Nur jetzt, nur heute! Sonderpreis!«, ruft Georges dos Santos, Jahrgang 1970, den Kunden zu. Wein verkaufen, das kann er. Denn Georges hat, was Franzosen *la tchatche* nennen. Frei übersetzt: ein loses Mundwerk. Von Dos Santos würde man jederzeit einen Gebrauchtwagen kaufen und beim Zahlen noch Danke sagen. Und er kennt seine Heimat und flicht gegenüber Nicht-lyonern etliche Tipps und Fakten ein:

372 Meter hoch ist die *Tour métallique*, eine Metall-konstruktion aus dem 19. Jahrhundert, die wie ein zu kurz geratener Eiffelturm wirkt.

Die *Basilika Notre Dame de Fourvière* war das Vorbild für eine Kirche im französischen Viertel von San Francisco. Zwei Millionen Menschen besuchen sie pro Jahr.

Lyon war die *Hauptstadt der Seide*, die hiesigen Weber arbeiteten u. a. für das Schloss von Versailles. Anfang des 19. Jahrhunderts arbeiteten hier etwa 8000 Weber mit 30 000 Gesellen. Heute gibt es nur noch wenige Ateliers.

Guignol, eine Art Kasperle mit schwarzer Kappe, seine Frau Madelon und der stets vom Beaujolais beschwipste Gnafron unterhalten nicht nur Kinder, sondern wurden zu Wahrzeichen der Stadt. Die Figur schuf der Puppenspieler Laurent Mourguet von 1810 bis 1812; sie soll seine Züge tragen.

Eine *Traboule* kann eine überdachte Passage, ein Weg über die Innenhöfe oder eine schmale Gasse sein; die Seidenweber nutzten sie zum trockenen und schnellen Transport ihrer Ware. Rund 400 Traboules durchziehen Lyon.

Lyon gehört zu den Pionieren der *Lichtarchitektur*. Seit 1989 werden Plätze und Monumente raffiniert ausgeleuchtet.

Marseille

Träge schaukeln die Yachten am Quai, ein paar Fischhändler preisen den Tagesfang an, ein grauhaariger Monsieur bessert mühevoll die Knoten seines Fischernetzes aus … Alltag in Marseille. Wenn man am Vieux Port entlangschlendert, sind die Nachrichten, die man in deutschen Landen hört, schnell vergessen: Marseille sei kriminell, schmutzig, korrupt. Höchstens Corleone im fernen Sizilien hat da einen noch mieseren Ruf.

Den typischen Marseillais ficht das nicht an: Schließlich heißt die französische Nationalhymne La Marseillaise, die Stadt ist flächenmäßig größer als Paris (auch wenn man die touristisch interessanten Teile in drei, vier Tagen erkunden kann), zudem ist sie Heimat von Pastis und Bouillabaisse … Was den Pastis betrifft, so öffnet der bekannte Fabrikant Pernod gelegentlich sein Gelände für Gästegruppen. Und die Bouillabaisse, die üppige Fischsuppe, die mindestens drei Sorten Felsfische wie den grätenreichen *rascasse* (Drachenkopf) enthalten muss? Bei Michel, einer Brasserie in Meeresnähe, gibt es eine gute, bei der Familie Passedat im Petit Nice eine herausragende. Die am Hafen kann man meistens vergessen, deren Fische kommen vom Atlantik oder aus dem Ärmelkanal. Aber zum Vieux Port zieht es mich nicht des Essens wegen, er ist der Drehpunkt der gesamten Stadt: dicht gedrängte Altstadthäuser im Norden und Süden, im Osten beginnt die *Canebière*, Marseilles bekannteste Einkaufsmeile. Und Richtung Westen legen die Schiffe ab. Einige fahren die Marseillais jedes Wochenende zu den Calanques, idyllischen Badebuchten mit Namen wie En-Vau, Port-Miou oder Sormiou zwischen schroffen Felsen. Auf einer Felsinsel befindet sich auch das Château d'If, den kargen Knast aus Alexandre Dumas' »Der Graf von Monte-Christo«. An den Zellen hängen Schilder mit Namen wie »Edmond Dantes«, »Abbé Faria« oder »Mann mit der eisernen Maske« – und man zweifelt, ob Alexandre Dumas sich den Grafen wirklich nur zusammengesponnen hat. Wie heißt es doch schon im Film »Justin de Marseille« aus dem Jahr 1935: »Die Wahrheit über Marseille ist so schön, dass man sie aus der Ferne fast für eine Lüge halten könnte!« Oder umgekehrt.

Toulouse

»La ville rose« wird sie genannt. Die Stadt in Rosa. Und wirklich: Wenn man einen Tag auf der Pont Saint-Michel damit verbringt, die Häuser zu betrachten, dann funkelt Toulouse an jedem Morgen in feinstem Rosa. Mittags kippt die Farbe dann Richtung Malve, um abends mit einem sanften Rot abzuschließen.« Marie Christine Combes ist nicht aus Toulouse, weiß aber alles über die Stadt. Der resoluten Adeligen gehört seit sechzehn Generationen das nahe Château de Garrevaques, ein Bed & Breakfast de Luxe. Hier weilten Emanuelle Béart und Claude Chabrol zu Dreharbeiten, Airbus-Käufer verbrachten in dem Schlösschen ihre Wochenenden. Nach den Geheimnissen von Toulouse wird sie täglich gefragt. Natürlich kennt Marie Christine auch den profanen Grund für das poetische Farbspiel: »Die Gebäude von Toulouse wurden aus Backsteinen errichtet. *Brique toulousaine* werden sie manchmal genannt. Durchgesetzt hatte sich das Bauen mit Briques, als im 16. Jahrhundert der Pastellhandel florierte. Das pompöse Hôtel d'Assézat ist ein schönes Beispiel für solch ein Kaufmannshaus, bis die Ankunft des Indigo dem Pastellhandel schwer zusetzte und die Stadt deutlich an Bedeutung verlor.«

Es brauchte einen zweiten Wirtschaftsaufschwung, um Toulouse zurück auf die Bühne Frankreichs und das Schlösschen der Familie Combes zum Florieren zu bringen: den Airbus, der seit 1970 teilweise im Toulouser Vorort Blagnac montiert wird. »Für uns Franzosen war Toulouse die logische Wahl. Hier fand im Dezember 1918 ein Versuchsflug nach Barcelona statt, hier wurde die erste Luftpostverbindung nach Rabat in Marokko geschaffen, hier war 1926 der Flieger Antoine de Saint-Exupery und Autor des »Kleinen Prinzen« stationiert, und hier fand 1969 der erste Versuchsflug der Concorde statt.« Die Fabriken in der Rue Franz-Joseph-Strauss sind für täglichen Besucherverkehr ausgelegt.

Doch es gibt viele Toulouses: das Toulouse des Veilchenparfums. Oder das Toulouse der Rugbyfans, die »Ville rose« ist eine der inoffiziellen Hauptstädte des Sports. Jeder Rugbyfan wird Novizen übrigens zuerst mit der Bemerkung ins Stadion locken, dass hier eventuelle Konflikte direkt auf dem Spielfeld ausgetragen werden und nicht durch grölende Hooligan-Horden ins Zentrum überschwappen. Dann werden geduldig die Regeln erklärt.

Und natürlich das Toulouse der Studenten. Schließlich ist dies die größte Universitätsstadt Frankreichs nach der Kapitale Paris, die angehenden Akademiker sorgen für spanische Farniente-Stimmung auf Straßen und Plätzen, tragen zum alternativen Kulturleben bei. Es gibt Musik für jede Subkultur, vom »okzitanischen Rap« der »Fabulous Trobadours« bis zum »fröhlichen postapokalyptischen Liedgut« von »Space Jahourt«.

Wer in Toulouse lebt, ist in neunzig Minuten am Mittelmeer, in zwei Stunden am Atlantik, in vierzig Minuten in den Pyrenäen und auch sonst von großen und kleinen Sehenswürdigkeiten umgeben. Ab Freitagnachmittag zieht es den Toulousain zu Orten wie Revel mit einer der schönsten Markthallen der Grande Nation. Oder nach La Pomarède, eine wuchtige Katharer-Festung auf einer Anhöhe, mit wehrhaften Mauern, an denen der Zahn der Zeit heftig nagt. Oder in die Hauptstädte des Eintopfgerichts Cassoulet, der Ort Castelnaudary und die mittelalterliche Festung Carcassonne. Mit Gänseschmalz und Speck werden in Castelnaudary nach bester Tradition weiße Bohnen und Schwein stundenlang geschmort. Im Gegensatz zu Carcassonne, wo statt des Borstentiers Hammel oder Rebhuhn in den Topf wandern, oder Toulouse, wo Enten- und Gänseconfit sowie Knoblauchwurst für vollen Geschmack sorgen. Spätestens am Sonntagabend geht es nach solchen Landpartien wieder zurück in den Alltag. Wer dann nach Einbruch der Dunkelheit in die Ville rose zurückkehrt, entdeckt weitere Farben: goldene Kuppeldome, eine grüne Linie unterhalb der Garonne, lila Schatten auf den Häusern. *Toulouse en lumière* – ein Lichterfestival – lässt die Stadt von Juli bis Oktober bunt leuchten. Es muss ja nicht alles rosa sein.

Im Norden wie im Süden und ab durch die Mitte

Mit Balzac an der Loire

Ruhig ist's auf der Rue Nationale. Ein paar ältere Damen warten vor der Bäckerei Honoré le Boulanger auf Croissants, Nuss- und Kastanienbrote, vier Schüler drängeln sich an der Tür zum Multimedia-Shop Fnac, hier und da flaniert ein Spaziergänger über die Einkaufsmeile zur Pont Wilson, die über die immer noch ungezähmt vor sich hin mäandernde Loire führt. Tours ist so etwas wie die Stadt der ewigen Mittagspause, ein ruhiger Ort, wo die Zeit langsamer als anderswo zu laufen scheint. Ein etwas groß geratenes Dorf, behäbig und *bourgeois,* in dem die Anwaltskanzlei in der Hausnummer 39 höchstens von ihren

Mandanten beachtet wird. Dabei erblickte an dieser Stelle »er« das Licht der Welt,

»Er« – das ist der geniale Honoré de Balzac, geboren 1799 in der damaligen »Rue de l'Armée d'Italie«, Bohemien, Salonlöwe und Romantiker. Romancier, Philosoph, Journalist und trotzdem oder gerade deswegen chronisch in Geldnöten. Obwohl ihn doch das Streben nach Gloire et Fortune, nach Ruhm und Reichtum, zur Literatur getrieben hat.

Skeptiker, was seine Wahlheimat Paris betraf, aber großer Verehrer von Tours und dem Loiretal. »Tugend, Glück und Leben, das sind 600 Francs Pension am Ufer der Loire«, schrieb Balzac schon als 31-Jähriger an Laure de Berny. Viele seiner Bücher wie »Der Pfarrer von Tours« (»Le Curé de Tours«, 1832), »Die Frau von 30 Jahren« (»La femme de trente ans, 1842), »Der berühmte Gaudissart« (»L'illustre Gaudissart«, 1833) oder »Louis Lambert« (1832) spielen in Orléans und Vouvray, Tours und Montcour. Und obwohl der Meister in späteren Jahren durch halb Europa reiste, scheint es, als hätte ihn stets seine unmittelbare Umgebung inspiriert. Ein Ausflug in das Leben Balzacs, das ist im Wesentlichen ein Spaziergang rund um Tours. Nach Azay-le-Rideau, Saché und Pont de Ruan im Südwesten, zur Abtei von Marmoutier, nach Rochecorbon und Vouvray im Norden, dort, wo die Winzer große, teils heute noch bewohnte Höhlen in den Tuffstein geschlagen haben. Und natürlich abgerundet durch eine Visite bei den majestätischen Châteaus.

Die grünen Hügel der Touraine, die von Adelssitzen dermaßen durchsetzt sind wie der Boden des Périgord von Trüffeln, hier träumte »er« sich hin, wenn die Schulden wieder allzu sehr drückten. Wenn er gebeugt an seinem kleinen Holzschreibtisch im zweiten Stock eines Mietshauses in der Rue Basse (heute Rue Raynouard) von Passy, damals einem Pariser Vorort, neben der dreißigsten Tasse Kaffee des Abends über den Manuskripten der »Menschlichen Komödie« hockte.

La Touraine, das ist eine Region, deren Geschichte genug Stoff für ein Drama bietet: Das beginnt mit den Engländern, die während des Hundertjährigen Krieges die Hauptstadt Paris einnahmen, im zweiten Akt muss König Karl VII. den Hof in die ihm treu gebliebenen Provinzen verlegen, im dritten Akt erlebt man einen Aufschwung von Kunst und Architektur, wie er in der damals engen und dreckigen Hauptstadt Paris undenkbar gewesen wäre. Da gibt es das Château de Villandry, dessen klassische *jardins à la française* (französische Gärten) selbst der Natur militärische Disziplin verordneten. Vor einem König hat jede Hecke strammzustehen.

Das massig-monumentale Macho-Schloss Chambord mit seinen 400 Zimmern., in denen der König mit seinen Jagdfreunden zechte. Franz I. höchstselbst soll bei einer dieser royalen Sauftouren den Spruch »Souvent femme varie, bien fol est qui s'y fie« (frei übersetzt: Trau besser keiner Frau) mit dem Messer in eines der Fenster seines megalomanen Prachtbaus geritzt haben. Kein Wunder, dass es den Hofdamen hier nie so recht gefiel.

Amboise, wo der geniale Leonardo da Vinci sich mit der Mona Lisa im Gepäck 1516 niederließ. Heute noch gibt es hier nicht nur ein Da-Vinci-Museum, sondern originalgetreue Nachbauten seiner Maschinen, darunter verblüffende Fluggeräte.

Oder Schloss Chenonceau: Diane de Poitiers, die Geliebte Heinrichs II., regte den Architekten Philibert Delorme dazu an, eine Brücke mit fünf Bögen über den Fluss Cher zu bauen. Der königliche Liebhaber zeigt sich großzügig, das Schloss geht mit den Jahren in Dianes Besitz über. Als Heinrich II. im Turnier stirbt, schlägt die eifersüchtige Gemahlin Katharina von Medici zurück und zwingt ihre Rivalin mit Drohungen zum Schlössertausch. Fortan lebte Diane im eleganten, weiß blitzenden Schloss Chaumont mit seinen Spitztürmchen, Katharina hingegen bezog das fröhlich verspieltere Chenonceau der Diane de Poitiers und beeilte sich, die Erinnerung an ihre Nebenbuhlerin zu tilgen. Delorme bekam den Auftrag, wichtige Teile des Schlosses, darunter Gardesaal und Kapelle, auf die Brücke zu setzen.

Ausgefallen und opulent wie die Châteaus seiner

Lieblingsregion, so lebt auch Honoré de Balzac. Vertilgte zum Abendessen hundert Austern, zwölf Lammkoteletts, eine Ente, zwei Rebhühner und danach noch eine Seezunge und etwa ein Dutzend Birnen. Begießt seine déjeuners (Mittagessen) mit vier Flaschen Vouvray – tatsächlich sind die Weine, besonders die Süßweine aus Vouvray, heute noch außergewöhnlich gut.

Balzac verschleudert ein Vermögen für seine Sammlung von Handschuhen, Westen, Spazierstöcken, Möbeln, Gemälden und luxuriösen Domizilen, verliert ein weiteres Vermögen mit der eigenen Druckerei, strebt von Maitresse zu Maitresse, von Madame de Berny zur Duchesse d'Abrantès zur Marquise de Castriès, schreibt fortan gegen seine Schulden an und bereichert die Literatur systematisch um eines der erfolgreichen Mittel längerfristiger Leserbindung. Die »wiederkehrende Figur«, Charaktere, die man gleich in mehreren seiner Romane findet. Der ehrgeizige Rastignac gehört dazu oder der bösartige Vautrin.

Und weil der Stolz auf Gloire und Grandeur der literarischen Vergangenheit zu Frankreich gehört wie Baguette, Croissant und Vin Rouge, hat man ihm gleich zwei Häuser gewidmet: Das Balzac-Museum in Paris hätte er gehasst. Es ist das Haus in Passy, wo er sich von 1840 bis 1847 unter dem Pseudonym Monsieur de Breugnol vor den Gläubigern versteckte, die drohten, seine Möbel zu pfänden. Oder schlimmer noch, die goldene Uhr, seine aus Seide und Wolle gestickten Hosenträger, seine Kaffeekanne und seinen Spazierstock mit Knauf aus purem Gold und Türkisen. Er ließ Besucher nur rein, wenn sie das Zauberwort »Ich bringe Brüsseler Spitzen« kannten.

Das andere in Saché bei Tour hat er schon zu Lebzeiten geschätzt: »Ich liebe den Blick auf die Indre und das kleine Schloss, das ich Kürbisflasche getauft habe. Die Stille ist wunderbar.« Saché, ein braungrauer Landsitz nur sechs Kilometer vom malerischen Azay-le-Rideau, hütete damals ein Familiengeheimnis. Der Besitzer, ein gewisser Monsieur de Margonne, ist Liebhaber von Balzacs Mutter und aller Wahrscheinlichkeit nach Vater seines Bruders Henri. Doch der aufgeweckte Honoré entdeckt das heimliche Spiel schon in jungen Jahren, lädt sich später selbst regelmäßig auf Saché ein. Und lernt auf seinen Spaziergängen rund um Tours die grünen Hügel des Loiretals, seit jeher der Gemüsegarten Frankreichs, noch besser kennen. Den Bauernhof Ferme de Vonnes, die romantischen Wassermühlen an der Pont de Ruan auf einer Insel der Indre.

Der Speisesaal von Saché mit den korinthischen Pilastern ist unverändert, im Raum mit dem Kamin aus schwarzem Marmor trug Balzac dem Hausherrn abendlich die neuesten Seiten seiner Romane vor, bevor er sich gegen zehn Uhr im Obergeschoss schlafen legte. Gegen zwei stand er wieder auf, öffnete das

Fenster und schrieb weiter. Auch Saché ist heute ein Balzac-Museum mit Portraits, Ausgaben seiner Werke, Druckfahnen mit äußerst zahlreichen Korrekturvermerken und natürlich den unvermeidlichen Karikaturen.

Denn die Karikaturisten seiner Zeit waren Balzac in einer Art Hassliebe verbunden. Mit seinen 90 Kilo auf 1,59 Meter und einer dunklen Löwenmähne war er ideales Opfer für böse Federn. »Ich bin so dick geworden, dass die Zeitungen sich darüber lustig machen. Diese Elenden! … Sie spotten über meinen Schmerbauch, gut! Sie haben eben nichts anderes.« Dann seine Geschäfte. Der Fehlschlag mit der Druckerei. Wollte dieser Balzac doch tatsächlich billige Bücher für jedermann herausbringen. Wollte auf Sardinien Erz in den Minen der alten Römer fördern lassen … Und schließlich all die Demoiselles, die den Mops mit den Dandyallüren verehren, als wäre er Staatsmann oder ein bekannter Schauspieler. Säckeweise Post bekommt er, darunter 1832 einen mit *l'Étrangère*, die Unbekannte, gezeichneten Brief aus der Ukraine. Vier Briefe später war es um Balzac geschehen: »Ich liebe Sie, Unbekannte.« Auftakt einer turbulenten Beziehung auf Distanz mit Evelina Hanska. Lange Trennungen, böse Gerüchte und die immer wiederkehrenden Geldnöte des Poeten machen beiden das Leben schwer. Doch Balzac schreibt Brief um Brief: »Die Touraine ist in diesen Tagen sehr schön. Es herrscht außergewöhnliche Wärme, die die Rebstöcke erblühen lässt. Ach, mein Gott, wann werde ich ein kleines Stück Land, ein kleines Schloss, einen kleinen Park, eine schöne Bibliothek haben und dort sorglos leben und die Liebe meines Lebens beherbergen können.«

Balzac brennt darauf, seiner Unbekannten das idyllische Schloss Azay-le-Rideau, »ein von der Indre eingefasster, facettierter Diamant, der auf Grundpfählen steht und von Blumen umrahmt wird«, zu zeigen, möchte mit ihr die Ruinen der Abtei von Marmoutier auf der Straße von Saint-Cyr nach Rochecorbon erkunden, die er in »Die Frau von dreißig Jahren« beschrieben hatte. Sie im kleinen, weißen Château de Moncontour in der Umgebung von Vouvray empfangen. Evelina und Honoré reisen in die Schweiz, nach Österreich, nach Russland, er verbringt 19 Monate in ihrem Château de Wierzchownia, sie kommt nach Paris. Und wie in manchem Roman gibt es auch im Leben von Balzac ein Happy End: Hochzeit am 14. März 1850, gemeinsames Leben unweit der Champs-Elysées im Haus 11, rue Fortunée. Der Romancier stirbt am 18. August 1850, fernab der grünen Hügel, Wassermühlen und Schlösser der Touraine in der Hauptstadt. Das Haus in der Rue Fortunée gibt es nicht mehr – und die Straße selbst eigentlich auch nicht. Sie heißt heute »Rue Balzac«. Voilà, Gloire et Fortune. Und dazu noch l'amour.

Cancales Wasser leuchten: karibikblau an einem hellen Sommertag, in allen erdenklichen Grautönen, falls wieder mal ein Schauer über den Ärmelkanal zieht. »Jeder Tag … enthält die vier Jahreszeiten«, schrieb schließlich schon die Dichterin Colette, die unweit von Cancale in einem bescheidenen Ferienhaus namens Rozven (Windrose) wohnte. Links von uns reiht sich Austernbecken an Austernbecken, tanzen bunt bemalte Fischkutter auf den Wellen, rechts erhebt sich die Klosteranlage des Mont-Saint-Michel aus dem Meer. Links beginnt, strikt geographisch gesehen, die Bretagne, rechts endet die Normandie. Dort drängeln gerade Busladungen von Besuchern durch die engen Klostergassen, lassen sich ins Wachsfigurenmuseum zerren oder erstehen Softdrinks zu Prohibitionspreisen.

In Cancale ist das beliebteste Accessoire für den Spaziergang entlang der Hafenpromenade mit ihren wuchtigen Granithäusern der Regenschirm, den man selbstverständlich auch an Sonnentagen mit sich führt – man weiß ja nie. Statt Sandstrand mit Liegestühlen gibt es verwinkelte Zöllnerwege, die über grüne Hügel bis hinüber zur Korsarenfestung von Saint-Malo führen.

Selbst die bretonische Version einer Austernbar wirkt eher familiär als mondän: »Sieben Euro das

Dutzend«, preist der Ecailler, eine Art hauptberuflicher Austernöffner, unter einem regenfreundlich beschichteten Zelt am Hafen die Ware an. »Und für fünzig Cent öffne ich die Austern auch.« Wüsste der Mann am Hafen, dass es Orte auf dieser Welt gibt, wo das Dutzend Austern mehr als einen Zehner kostet, er würde die Wirte für Straßenräuber halten. Und die Gäste für Dummköpfe.

In solchen Momenten scheint die Bretagne nicht nur ein paar hundert Kilometer, sondern ein paar hundert Jahre westlich von Paris zu liegen. Nicht wegen luxuriösen Austern zu demokratischen Preisen, sondern wegen der Bretonen, die sich selbst in aktuellen Umfragen als »stolz, stur, dickköpfig, unabhängig und fleißig« charakterisieren. Recht haben sie: Als Charles de Gaulle im Juli 1940 seine ersten Résistance-Truppen inspizierte, erklärten 150 der 600 Freiwilligen, sie stammten vom ebenso winzigen wie kargen bretonischen Eiland Île de Sein. »Die Île de Sein ist also ein Viertel Frankreichs«, folgerte der erstaunte de Gaulle. Viele Bretonen sprechen heute noch ihren rauen, keltisch geprägten Dialekt, der so gar nichts mit dem Schulfranzösisch gemein hat. Wald heißt nicht etwa *forêt* sondern *coat*, *dour* meint Wasser, Wein ist *gwin*, und die Region selbst nennt man *Breizh* (patriotisch gestimmte Autofahrer heften sich diesen Schriftzug zuweilen aufs Heck). Im Norden, im Departement Côtes d'Armor, präsentieren sich die Straßenschilder zweisprachig: bretonisch und französisch, auf diversen Musikfestivals singt man in keltischem Dialekt. Schüler der Ecole Diwan in Relecq-Kernan bei Brest können gar ihr Abitur in der Sprache der Druiden ablegen. In nahezu jedem Ort hängt irgendwo ein Gwenn-ha-Du, die schwarzweiße Fahne der Region. Und zum alljährlichen Pardon, einer Art lokalen Wallfahrt, verbergen die Damen ihr Haar auch heutzutage noch unter einem kunstvoll gefalteten, bis zu vierzig Zentimeter hohen Tuch, der traditionellen *coiffe*. Nicht um die Objektive der Touristenkameras zu erfreuen, sondern weil dies schon ihre Urgroßmütter getan haben (siehe auch »Wenn Bretonninen unter die Haube kommen«, S. 235).

Wer die winzige Kapelle auf der Insel vor Carantec, die bei jeder Flut fast im Meer verschwindet, oder die kleinen Fischerhäuser und die rostigen Boote am Quai von Audierne bewundern möchte, sollte entweder den richtigen Patron kennen oder zu den Individualisten gehören, die sich mit der rauen Schönheit der Region zumindest zeitweise identifizieren können: Schriftstellerin Benoîte Groult war eine von ihnen, ließ sich in den Küstendörfern zu »Salz auf unserer Haut« (Les vaisseaux du cœur, 1988) inspirieren. Roman Polanski drehte »Tess« in Locronan. Sarah Bernhardt, die große Diva, entdeckte die Belle Île »die schöne Insel« im Süden, als adlige Engländer und Russen noch an der Côte ihre Erkältungen auskurierten. Regelmäßig ließ sie sich von einem Fischerboot übersetzen und watete barfuß an Land, die gerüschten Röcke hochgerafft, gefolgt von einem Tross aus Lakaien und Verehrern. Noch heute steht neben dem Leuchtturm an der Pointe des Poulains, zwischen rauen Klippen, das halbverfallene Fort de Sarah Bernhardt, der traurige Rest ihres einst prachtvollen Anwesens. Im Musée historique du Palais in der massigen Festungsanlage über dem Hafen kann man immerhin noch ihr Opernglas bewundern. Auch François Mitterand hegte eine Vorliebe für die Insel, von der es heißt, sie sei aus der aufs Meer geworfenen Blumenkrone der Feenkönigin von Brocéliande entstanden. Im Hôtel Castel Clara in Port Goulphar verbrachte er seine Urlaubstage in einer maritim möblierten Suite mit Blick auf die Steilküste. Gelegentlich kostete er die lokale Spezialität: *Pouce-Pieds*, steinharte Felsenentenmuscheln, die man selbst aufbrechen muss, um an ihr delikates Inneres zu gelangen. Das Leben zu lieben kann sehr einfach sein.

Wenn Bretoninnen unter die Haube kommen – Coiffes

Man sieht sie auf Wallfahrten, Volksfesten oder auf der Sonntagsmesse: Bretoninnen unter der (oft spitzenbestickten) Haube, der meist weißen *coiffe*. Coiffes gibt es mindestens so viele, wie es Regionen in der Bretagne gibt, Marie-Claude Monchaux, Autorin von

»Les costumes bretons«, zählte 66 Hauptgruppen und nicht weniger als 1200 Untergruppen von Trachten, was einem eigenem Habit von fast jedem bretonischen Dorf entspricht. Die alten Bretonen waren stolz auf ihre Herkunft, Männer und Frauen zeigten mit Trachten, Hüten und *coiffes* nicht nur ihren jeweiligen Heimatort, sondern zum Beispiel auch dessen Schutzheiligen. Bis in die dreißiger Jahre gehörten *coiffes* und Trachten noch zum Alltagsbild. Heute hüllen sich die Messieurs nicht mehr in *bragou-braz* (an den Oberschenkeln besonders weit geschnittenen Hosen), auch die schwarzen Hüte, die wie ein zu kurz geratener Bowler wirken, sind zur Rarität geworden. Aber mit etwas Glück kann man in einem winzigen Dorf auf dem Land an einem Festtag noch den Blick auf eine echte *coiffe* werfen. Hier ein paar Beispiele:

Coiffe de Baud-Kornek
Sieht aus wie ein Kopftuch, das auf die Schultern und den Rücken fällt, und gilt als simple Coiffe, die bei entsprechendem Spitzenschmuck trotzdem elegant wirken kann.

Coiffe de Châteauneuf-du-Faou
Elegante Coiffe mit Haarnetz am Hinterkopf und aufwendigen, spitzengerahmten Bändern, die fast herzförmig das Gesicht einrahmen.

Coiffe de l'Île de Sein
Sieht der breiten Haarschleife der Elsässer Tracht ähnlich und existiert in schwarzer und weißer Version.

Coiffe de Plougastel
Umständlich gefaltete Coiffe: Zwei kleine »Turbane« werden durch einen dritten, ein Band von zwei Meter Länge, gekrönt. Ein kompliziertes System aus Schleifen und Bändern hält das Kopfkunstwerk in Form.

Coiffe de Plounéour-Trez
Die auch Kernapa genannte Coiffe erinnert entfernt an eine weiße Nonnenhaube. Zum Festtagskostüm, das etwa für ein Pardon angelegt wird, gehören aufwendige Röcke und Blusen aus Damast und Spitze.

Coiffe de Pont l'Abbé
Beliebtes Folkloremotiv, ein runder »Spitzenturm«, der zwischen zehn und sagenhaften vierzig Zentimeter Höhe variieren kann. Wird durch einen Riemen am Kinn in Position gehalten.

Coiffe de Quimper
Ursprünglich (um 1900) eine runde Haube, die durch zwei am Kinn zusammengeschnürte Bänder Halt fand, versehen mit zwei rechteckigen »Flügeln«. Heute ist das *borleden*, die flügellose Version in Form einer hohen runden Haube mit Kinnriemen, beliebter.

Coiffe de Quintin

Wirkt wie eine Acht, deren Schleifen links und rechts auf die Ohren fallen. Wirkt fein und flügelartig, wenn sie richtig gefaltet ist – wer diese Coiffe jedoch nicht aufzusetzen versteht, wirkt darin wie ein Beagle.

Coiffe de Rosporden

Hochaufwendig gefaltete Coiffe, das neben dem runden Kopfaufsatz aus zwei rund gefalteten »Flügeln« oberhalb der Ohren und einer halben Acht über der Stirn gekrönt wird. Diese Coiffe zu falten gleicht einem Halbtagsjob.

Coiffe de Vannes

Wirkt wie ein spitzengeziertes Dach auf dem Kopf.

Touken de Tréguier

Ein simples weißes Tuch hält die Haare am Hinterkopf, von den Ohren fallen zwei kleine »Flügel« fast bis auf Schulterhöhe.

Asterix und Obelix – die bekanntesten Bretonen

»Die spinnen, die Gallier« – schließlich wagen sie seit über drei Jahrzehnten nicht nur den römischen Besatzern permanent Widerstand zu leisten, sondern erheitern mit ihren Abenteuern Leser in aller Welt. In über 26 Sprachen kann man nachlesen, was Asterix, der kleine Krieger mit dem geflügelten Helm, Obelix, sein fülliger Freund, Miraculix, der weise Druide, und Häuptling Majestix zusammen mit Cäsar, Kleopatra und den trotz regelmäßiger Schiffbrüche immer noch unermüdlichen Piraten erleben. Rein statistisch besitzt fast jeder Bundesbürger einen Asterix-Band, mehr als 61 Prozent der 8- bis 14-Jährigen kennen den kleinen Gallier – dass mindestens ebenso viele Erwachsene schon mal einen Asterix in der Hand hatten, darf man nur vermuten. Auf jeden Fall erreicht die Popularität des blonden Schnauzbarts Höhen, mit denen sich kein Politiker messen sollte: Jedes Heft wird in Millionenauflage gedruckt, selbst die alten Bände müssen jährlich neu aufgelegt werden, um den Bestand im Buchhandel zu sichern.

Dabei waren die Anfänge eher bescheiden: 1959 strichelte Zeichner Albert Uderzo die mutigen Bretonen erstmals aufs Papier, angeblich als Gegenentwurf zu populären amerikanischen Superhelden. Texter René Goscinny entwarf dazu Wortspiele und frech-witzige Sprüche. Das Debutalbum »Asterix der Gallier« kam 1961 mit 44 Seiten in einer Startauflage von gerade mal 6000 Exemplaren auf den Markt. Wie vom Zaubertrank beflügelt, legten die Comics von Jahr zu Jahr an Beliebtheit zu: »Asterix bei den Briten« verkaufte auf Anhieb 600 000 Hefte, 1968 kommen die Gallier endlich auch auf deutsche Ladentische. Seitdem hat sich ein regelrechter Asterix-Kult entwickelt. Ganze Doktorarbeiten beschäftigen sich mit dem kleinen Dorf und dem Erfolg der gallischen Geschichten. Sollte unserer Sympathie für Asterix etwa eine unbewusste Identifikation mit den durch die Römer unterdrückten Galliern zugrunde liegen? Oder haben wir einfach nur Spaß am gallischen Humor, der etwa triftig schildert, wie Asterix durch das gestresste, arrogante Lutetia (Paris) pilgert? Auch Albert Uderzo, der nach dem Tod von René Goscinny am 5. November 1977 die Alben alleine konzipiert, musste in Interviews regelmäßig Wissenswertes über Gallien auspacken: Wie lautet das beste Rezept für Wildschwein? – »Es schmeckt einfach nicht …« Hat Asterix ein Liebesleben? – »Da bin ich überfragt …« Sind Asterix und Obelix unsterblich? – »Weiß ich heute noch nicht …« Kein Wunder, dass unser gesichertes Wissen über Gallier im Allgemeinen und Hinkelsteine und Druiden im Besonderen vor allem auf den bunten Bänden beruht. Zwar melden sich gelegentlich Archäologen zu Wort, die beteuern, gallische Häuser hätten eigentlich ganz anders als bei Asterix ausgesehen, Gallier hätten keine geflügelten Helme getragen und ihre Funde hätten außerdem keinen Hinweis auf erhöhten Wildschweinverzehr bei keltischen Stämmen ergeben. Seriöse Wissenschaftler beschäftigen sich stattdessen aber lieber mit der genauen Lokalisierung von Asterix' kleinem bretonischem Dorf. Schließlich bleibt die Theorie, Obelix hätte die Reihen von Hinkelsteinen in Carnac zusammengestellt, wesentlich logischer als das esoterische Brimborium aus der einschlägigen Literatur.

Menhire

Man sieht sie an der Küste, auf Bergkuppen, inmitten von Wiesen- und Heidelandschaften oder in jedem Asterixheft: die Menhire, stolz aus dem Boden ragende Felsriesen. Vor 4000–7000 Jahren wurden sie unter enormem Aufwand an Kraft und Arbeit scheinbar zufällig in der Landschaft verstreut. Warum die Menschen des Neolithikums, die mit Jagen, Sammeln, Töpfern und Anbau von Getreide sicherlich mehr als ausgelastet waren, die Mühsal auf sich nahmen, tonnenschwere Blöcke aus dem Fels zu hauen und kilometerweit zu transportieren, kann niemand mit Sicherheit erklären. Kultstätten könnten es gewesen sein oder Observatorien. Bereits 1794 vertrat Jacques Chambry, der Gründer der keltischen Akademie, die Meinung, die Alignements von Carnac hätten astronomischen Zwecken gedient. Gegen Anfang des Jahrhunderts fand ein gewisser Alfred Devoir heraus, dass die Hauptreihen der Menhire und ihre Senkrechten nach Sonnenwende sowie Tag- und Nachtgleiche ausgerichtet sind. Die imposanten Steinreihen von Carnac wären demnach nichts anderes als ein simpler, aber riesiger Kalender.

Alexander Thon und René Merlet erstellten ein

ähnliches, komplizierteres System rund um den großen Menhir von Locmariaquer. Doch selbst wenn die astronomische Theorie auf die Menhirreihen in Carnac zutreffen sollte, erklärt sie noch lange nicht den Überfluss an freistehenden Menhiren in der restlichen Bretagne. Fest steht, dass die Felsblöcke noch lange Zeit nach dem Neolithikum zu kultischen Handlungen genutzt wurden. Warum sonst hätten die ersten Missionare die Menhire eilends »christianisieren« sollen: Viele wurden zerstört, auf einige Blöcke wurden kurzerhand ein Metallkreuz gesetzt, bei anderen wurde das obere Viertel zu einem Kreuz umgemeißelt, wieder andere wurden mit christlichen Symbolen bedeckt. Der Ursprung der heidnischen Riten, die die ersten Missionare zu Hammer und Meißel greifen ließen, ist trotzdem nicht im Neolithikum zu suchen: Zu viele unterschiedliche Kulturen und Religionen liegen zwischen dem Aufrichten der Menhire und der Ankunft der frommen Männer.

Das Geheimnis der Steinriesen wird also wahrscheinlich nicht in absehbarer Zeit zu lüften sein. Doch selbst wenn man den ursprünglichen Zweck der Menhire nicht kennt, weiß man einiges über ihre Herstellung: Nach Möglichkeit verwendeten die unbekannten »Architekten« Felsblöcke, die manchmal unter Ausnutzung natürlicher Risse grob zurechtgehauen wurden. Quarz, Quarzit oder Schieferplatten wurden verwandt, das bevorzugte Material war jedoch der Granit. Einige Menhire, wie der von Dol-de-Bretagne (9,5 Meter hoch) oder sein Kollege von Saint-Samson-sur-Rance (7 Meter Höhe), sind von besonders gleichmäßiger Form und deshalb offensichtlich rundum behauen. Manchmal mussten die Steine aus nahen Felsmassiven »gesprengt« werden: Wahrscheinlich trieben die frühen Baumeister dafür Holzkeile in Risse und ließen sie durch Wasser aufquellen. Einige Menhire mussten drei oder vier Kilometer weit transportiert werden, wahrscheinlich mit Hilfe von Rollen und hölzernen Hebeln. Andere wurden auf riesigen Flößen befördert. Um den Menhir aufzurichten, wurde zuerst ein Loch ausgehoben. Um ihn hineinzurammen, wurde er auf eine hohe Aufschüttung gerollt (die man nach dem Aufrichten beseitigte). Abschließend wurde der Menhir mit kleineren Steinen in der Erde festgekeilt. Eine regelrechte Pharaonenarbeit muss der große Menhir von Locmariaquer gewesen sein: Mit 20 Meter Höhe und 300 Tonnen Gewicht ist er ein wahrer Gigant.

Provenzalisches

»Zu Beginn eines heißen Sommertags im Lubéron bei einer Schale *café crème* (Milchkaffee) auf der Terrasse zu sitzen, während die Bienen im Lavendel summen und das Licht den Wald in ein tiefleuchtendes Grün taucht – das ist besser, als plötzlich als reicher Mensch aufzuwachen«, meint zumindest Erfolgsautor Peter Mayle in »Mein Jahr in der Provence« (»A Year in Provence«, 1989). Dem Buch, das den Briten als reichen Mann aufwachen ließ, Horden von Touristen in den Mayle'schen Vorgarten in Ménerbes und den Autor ins Exil nach New York trieb. Nur um schließlich still und heimlich doch wieder in seine Lieblingsregion zurückzukehren. Irgendwo in einer Villa bei Lourmarin soll er leben, der Mister Mayle. Die Touristen suchen ihn immer noch, und die Provenzalen grollen ihm ein ganz klein wenig, weil sie meinen, in seinen Büchern stets als liebenswerte Idioten dargestellt zu werden.

Nachmittags in der Altstadt von Saint-Rémy de Provence: Ein junger, dunkelhaariger Monsieur rollt auf seinem Backblech eine braune Masse aus, hantiert mit Spritztüte und Schmelztiegel. Ab und an schaut ein Passant durch das Fenster. Nur die ganz Neugierigen lassen sich vom Schild »Durand Chocolatier« anlocken – dann sprintet der junge Mann nach vorn an einen alten Apothekerschrank, verteilt Gratiskostproben von Pralinen mit Thymian oder Safran und hofft auf Bestellungen.

Es gibt sie noch, die Lebensart der Provence. Die kleinen und großen Treffpunkte für Feinschmecker im Alltag, die Lavendelfelder, das Weiß und Rot der Mandelblüten, das Grün der Oliven, die Farben, die schon van Gogh nach Arles gezogen hatten. In der edlen Souleiado-Tuchmacherei, seit 1750 in Tarascon ansässig, sagt man, dass das Blau in ihren Tüchern dem Himmel über der Provence entspreche, das Grün dem der Zypressen gleiche, das Rot vom Feldmohn und das Gelb von den Butterblumen stamme. Das Schwarz hingegen habe die Farbe der freilaufenden Stiere der Camargue. Letztere haben Küchen der Provence um eine garantiert BSE-freie Spezialität bereichert: Stiersteak vom Grill mit Gemüse.

»Selbstverständlich lieben Sie die Provence. Aber welche Provence?«, fragte einst Colette – und die Auswahl zwischen all den Landschaften *en miniature* fällt schwer. Das riesige Sumpfgebiet der Camargue, der windumtoste Mont Ventoux, die Tafelberge der Alpilles oder die Rebfelder von Châteauneuf du Pape. Das Miniaturgebirge der Dentelles der Montmirail, der »Klöppelspitzen«, scheint ein direkter Nachbar des Lubéron-Nationalparks zu sein, die Schluchten des Gorges du Verdon liegen nicht allzu weit von den Ockergruben des Colorado provençal entfernt. Die Touri-Hochburgen wie Les Saintes Maries de la Mer liegen vielleicht eine gute Autostunde von ursprünglichen Dörfern wie Venasque oder Crillon-le-Brave entfernt.

Hier winzige lehmbraune Häuser, die sich im

Schatten einer Schlossruine zusammenkauern, dort elegante Städte: Mit seinen malerischen Altstadtgassen gilt Aix als eleganteste Stadt der Grande Nation. Der Cours Mirabeau ist die schönste Flaniermeile der Stadt, beidseitig gesäumt von alten Bäumen und prächtig verziert von drei Springbrunnen. Neben den zahllosen Cafés lohnt ein Blick auf die Häuserfassaden der Hôtels (Adelshäuser). Im Haus Nr. 55 unterhielt Cézannes Vater eine Hutmacherei, als Kind lebte der Maler hier und wird gewiss manchen Tag auf dem Cours Mirabeau gespielt haben.

Avignon – wird heute noch von mächtigen Festungsmauern geschützt. Vor der Stadt ragen noch die Reste der vielbesungenen Pont d'Avignon, der Pont Saint-Bénézet, in die Wasser der Rhône, während sich hinter den Stadtbefestigungen die hohen, grauen Mauern des Papstpalastes abzeichnen. Im Zeitalter von Zentralheizung und elektrischem Licht wird niemand mehr die Päpste um ihren Palast beneiden. Zwar wirkt das Palais von außen wie eine majestätisch aufragende gotische Festung. Das Innere jedoch wirkt düster und schwer, in manchen Teilen des Baus fast ein wenig bedrückend. Zum Ausgleich lockt der Rocher des Doms, ein Park aus dem 19. Jahrhundert nördlich des Papstpalastes. Von der Nordseite aus hat man eine umwerfende Aussicht auf Rhône, Pont-Saint-Bénézet und Île de la Barthelasse.

Arles – die Stadt der Dichter Daudet und Mistral, die Metropole von Bizet und van Gogh, die heute noch den Couturier Christian Lacroix inspiriert, trägt den Beinamen »gallisches Rom«. Mit seinen engen Gassen ist die Stadt eher mittelalterlich geprägt, wirkt im Vergleich zu Avignon oder Aix fast provinziell: Die morbid-romantischen Alyscamps mit moosbewachsenen Sarkophagen, schattenspendenden Zypressen und der Kirche Saint-Honorat aus dem 12. Jahrhundert sowie die Arena, das lokale Pendant des römischen Kolosseums, locken die Besucher. Das Amphitheater überstand die Jahrhunderte, weil in seinen Mauern nicht weniger als 200 Familien lebten – heute noch finden hier Stierspiele statt.

Römische Ruinen und romanische Kathedralen, Schlösser und Festungen, kleine Auberges und charmante Hotels, umrahmt vom kräftigen Wind namens Mistral. »Wenn der Mistral die Provence beherrscht, weiß man nicht, wohin man sich zurückziehen soll«, schrieb schon Stendhal. Im Département Vaucluse bläst der Mistral, ein kräftiger Wind, an 120 Tagen im Jahr mit mehr als 50 Stundenkilometern – gelegentlich werden Spitzengeschwindigkeiten bis zu 140 km/h gemessen. Die Namen der zweiundreißig Winde der Provence kann man am besten in den »Briefen aus meiner Mühle« (»Lettres de Mon Moulin«, 1869) von Alphonse Daudet nachlesen …

Witziges

Witz komm raus, du bist ein Belgier

Was dem Deutschen der Ostfriese, ist dem Franzosen der Belgier. Den nördlichen Nachbarn wird in etlichen Witzen der Intelligenzquotient eines mittelgroßen Croissant zugebilligt. Auch das Niveau der *plaisanterie* lässt sich mit älteren Ostfriesenwitzen vergleichen. Kostprobe?

Wie kriegt man 12 Belgier in einem Citroën 2CV untergebracht?
Man wirft eine Fritte rein.

Wie erkennt man einen Belgier am Flughafen?
Er versucht, die Flugzeuge mit Weißbrot zu füttern.
Und wie erkennt man ein belgisches Flugzeug?
Es nascht am Weißbrot.

Warum legen Belgier beim Alkoholtest ihre Brille ab?
Das sind immerhin zwei Gläser weniger.

Zwei Belgier mieten ein Boot, um angeln zu gehen.
Sagt der erste: »Diese Stelle ist erstklassig zum Angeln.
Wir sollten sie irgendwie markieren.«
Fragt der zweite: »Aber wie?«
»Na ganz einfach, wir zeichnen ein X auf den Boden
unseres Bootes.«
Meint der zweite: »Bist du verrückt? Das funktioniert
nie. Vielleicht bekommen wir das nächste Mal beim
Verleih nicht dasselbe Boot.«

Wie erkennt man ein belgisches Kind im Kindergarten?
Statt eines Stofftieres hat es eine Stoff-Fritte.

Ja, Humor ist, wenn man trotzdem lacht. Warum witzeln Franzosen über Belgier? Vielleicht liegt es am Akzent, vielleicht an belgischen Spracheigenheiten. Schließlich zählt man in Belgien etwas anders, sagt zur Neunzig zum Beispiel *nonante* statt des französischen *quatre-vingt-dix*. Historisch Interessierte führen gern an, dass im 19. Jahrhundert etliche Belgier Arbeit in Nordfrankreich suchten. Schnell hieß es, die Immigranten nehmen den Einheimischen die Arbeit weg. Außerdem galten sie als Streikbrecher, wie bei den Streiks in der Mine von Anzin 1884, dem historischen Vorbild für Zolas Roman »Germinal«. Damals sicherten die Betreiber die Mine mit Hilfe der Armee und holten belgische Arbeiter zu Hilfe, die von den Franzosen mit Schlachtrufen begrüßt wurden: »Tod den Ausländern!« Die Witzelei verfügt nach dieser Lesart über eine tiefere Moral: Wer nicht streikt, der ist strohdoof.

Politisches Zeitgeschehen kommt in den Witzen jedoch selten zum Zuge: Zum Beispiel werden Spannungen zwischen Flamen und Wallonen, die ja durchaus Potential für Komik bieten könnten, in Frankreich permanent ignoriert. Auch die Europastadt Brüssel erfährt keine humorvolle Extrawurst, obwohl garantiert viele wissen möchten, wie EU-Abgeordnete fischen gehen oder in einen 2CV gezwängt werden können.

So oder so, auf belgischer Seite wird rücksichtslos zurückgewitzelt. Etwa damit:

Warum haben die Franzosen einen Hahn als nationales Symbol gewählt?
Es ist das einzige Tier, das auch dann noch singt, wenn es mit den Füßen in der Schei— steht.

Ein Pariser brettert mit seinem Ferrari über Belgiens grüne Landschaften. Beim Überholen streift er ein anderes Fahrzeug, der Ferrari überschlägt sich, der linke Arm des Parisers wird abgerissen! Der Belgier ist nur leicht benommen und eilt zu Hilfe: »Mein Auto! Mein Auto!!!«, heult der Pariser. »Ein Auto kann man ersetzen«, erklärt der Belgier. »Wir sollten uns zuerst um ihren linken Arm kümmern.« Darauf der Pariser:

»Wieso reden Sie über meinen Arm, und wo ist meine goldene Rolex?«

Ein Elsässer verstirbt und steht an der Himmelspforte. Ein Engel sagt: »Du warst in der Wehrmacht und hast im Krieg getötet. Mit den Zehn Geboten spaßen wir hier nicht. Aber als Elsässer kannst du dir aussuchen, ob du in die französische oder die deutsche Hölle kommst.«
»Was ist der Unterschied?«, fragt der Elsässer.
»In der deutschen Hölle steckst du bis zum Hals im Pferdemist und bekommst pro Tag fünfzig Schläge mit einem Stock. In der französischen Hölle steckst du auch bis zum Hals im Pferdemist und bekommst pro Tag hundert Schläge mit einem Stock.«
»Dann wähle ich die deutsche Hölle«, sagt der Elsässer. Der Engel flüstert ihm zu: »Überleg dir das noch mal. Du kennst doch Frankreich. Mal geht der Pferdemist aus, dann wieder findet niemand den Stock, und danach streiken alle …«

Fünf Belgier in einem Audi Quattro kommen an der Grenze zu Frankreich an. Der Zöllner winkt sie heraus: »Es ist illegal, zu fünft in einem Quattro zu fahren.«
»Nein, dieses Auto heißt nur so. Es ist für fünf Personen zugelassen. Schauen Sie in die Papiere«, entgegnen die Belgier.
»Haltet mich nicht für blöd, Quattro heißt vier«, erwidert der Franzose.

251

*Die Belgier werden jetzt ungeduldig: »Können wir bitte
mit Ihrem Vorgesetzten sprechen?«
Darauf der Zöllner: »Das geht nicht, der ist mit den
beiden Typen im Fiat Uno beschäftigt.«*

Rauchiges

T'es une donneuse de paradis
T'es ma Gauloise et ça m' suffit
T'es ma Gauloise, t'es mon amie

Léo Ferré, »La Gauloise«

Die letzte Zigarette: Gauloise und Gitanes

»Her mit den Gallierinnen«, hieß über Jahrzehnte die Devise an Frankreichs Tresen. Gallierinnen, das sind Gauloises, eine der bekanntesten Zigarettenmarken Frankreichs, erkennbar am blauen Paket mit dem geflügelten Gallierhelm. Kurz, dick, mit kräftigem, dunklem Tabak aus der Türkei oder Syrien. Zu ihren besten Zeiten steckten sie im Mundwinkel von Sartre, Camus, John Lennon, George Orwell, Picasso und Bruce Willis in »Die Hard«. Etliche Auftritte in Filmen und Romanen rundeten die Markenlegende ab, genauso wie die Tatsache, dass die Gauloises bis Ende der 1970er Jahre die offiziellen »Truppenzigaretten« des französischen Militärs waren. Dabei kamen die

»Gallierinnen« ursprünglich aus Ungarn. Der Vorgänger der Marke waren die »Hongroises« (»Ungarinnen«) von 1876. Den Helm und den patriotisch klingenden Namen bekamen die ungarischen Damen erst eine Rauchergeneration später, nämlich 1910. Der Hersteller und damalige Monopolist S.E.I.T.A. (Société d'exploitation industrielle des tabacs et des allumettes, dt.: Verwertungsgesellschaft von Tabak und Streichhölzern) brachte zeitgleich noch die Gitanes, die Zigeunerinnen, auf den Markt, die freilich erst 1947 zu ihrem charakteristischen Logo kamen. Sänger Serge Gainsburg hielt seine Stimme mit zwei bis fünf Päckchen Gitanes pro Tag rauchig. In seinem Chanson »Dieu est un fumeur de Havane« (dt.: Gott raucht Havannas) raunt ihm Catherine Deneuve zu: »Du bist nur ein Gitanes-Raucher.« Beide Marken gruben sich tief ins kollektive Unbewusste ein. Ein paar Thonet-Stühle rund um einen schmalen Tisch mit karierter Decke, der Rauch von Gauloises und Gitanes mischt sich unter der Decke, die kantigen Züge von Jean Gabin, wenn er am *zinc* (Tresen) mit einer Pranke zum *ballon* greift, dem Glas Rotwein, danach die Baskenmütze ins Gesicht schiebt und den Mantelkragen hochschlägt. Das war Frankreich. Schon 1976 wurde die Tabakwerbung durch die *loi veil* (Veil-Gesetz) eingeschränkt, in den 1990er Jahren gab es spektakuläre Prozesse gegen Tabakhersteller wie den Nicht-mehr-Monopolisten S.E.I.T.A. und

Diskussionen um die gesellschaftlichen Kosten des Rauchens. Ein Rauchverbot in Restaurants, Bars und Diskotheken galt lange als nicht durchsetzbar, wurden doch selbst in den besten Lokalen von Paris die feinsten Kreationen großer Köche permanent eingeräuchert. Als es 2007 dennoch kam, wurde es prompt respektiert. Seit Rauchen im Büro verboten wurde, werden Kollegen mit Gauloises und Gitanes vom Arbeitgeber wegen mangelnder Produktivität kritisiert. Achtzig Minuten pro Tag würden Raucher mit Zigarettenpausen verschwenden, heißt es. Etliche Unternehmen kontrollieren die Pausenzeiten inzwischen streng. Auch Sänger, Künstler und Schauspieler lassen sich nicht mehr mit Zigaretten erwischen. Es war das Ende gallischen *laisser-faires*. 2008 wurden die Marken von der britischen Imperial Tobacco übernommen. Nach und nach schlossen die französischen Produktionsstätten in Nantes und Riom. »Gallierinnen« und »Zigeunerinnen« kommen heute aus Polen. Gabin hat die letzte Zigarette ausgedrückt.